尾州廻船水主（かこ）音吉の哲学思想陶冶の物語

―音吉表現のギュツラフ訳聖書を読む―

久田健吉

の哲学者シリーズ⑪

新嘉坡堅夏書院藏板

約翰福音之傳

善徳纂

ギュツラフ訳

ヨハネによる福音書

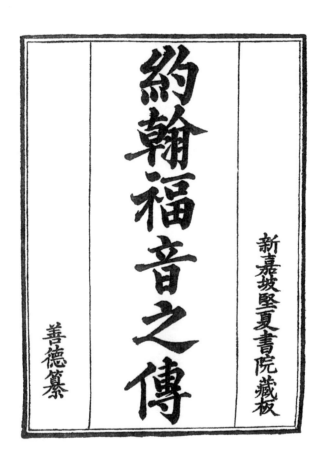

はじめに

私はこの二十年間、「知多の哲学者たち」というテーマで、知多半島出身の哲学者の発掘に努力してきています。

哲学者とは善く生きた人という意味で、自分の幸せをみんなの幸せを実現する中で実現しようと努力した人のことです。それゆえ、善く生きる思想を理論化した哲学研究者はもちろんだけれど、これを実践した人も哲学者なのです。

私はこの発掘努力の中で、こうした哲学者、つまり実践家としての哲学者を育てたのは、この知多が育んだ日本仏教ではないかと思えるようになったのでした。そこで今では、「知多の哲学者たち」の発掘とともに「知多が育んだ日本仏教」をもテーマにして、知多での日本仏教の実相を明らかにすべく努力しています。

ここに上梓する『尾州廻船水主（かこ）音吉の哲学思想陶冶の物語—音吉表現のギュッラフ訳聖書を読む—』もその一環です。

しかし、いきなり音吉と言われたり、尾州廻船と言われても、何だそれはと思われることでしょう。やむを得ないことです。音吉はまだ全国的に有名になっていない人ですので。これからなる人だけれど。それゆえ順次説明していくことにします。

正直に言って、音吉思想の発掘はまだ半ばだと思っています。半ばということは、音吉思想の研究には、まだ暗部があって、十分に解明されていないという意味です。哲学的に見て音吉は素晴らしい活動をしているのですが、全面的には解明されていないという意味です。

＊尾州廻船とは、江戸時代の末期に知多地方では、商品作物の発展とともに江戸への販路のための廻船（現在の宅急便に似ている）が発展しますが、この廻船のことをこう言います。もちろん尾張藩の許可のもとに。音吉は宝順丸という尾州廻船に水主として乗船していました。愛知県知多郡美浜町小野浦出身です。この廻船の乗船中に台風に遭います。北太平洋を漂流し、北アメリカに漂着し、イギリス商船に救出され、南アフリカ廻りでロンドンに送られます。日本送還が決定され、日本に返されるも、日本の鎖国政策のために帰国は認められず、追い返されます。マカオにて下船。その地で宣教師ギュッラフらの庇護のもとで生活をしつつ、彼の日本語訳聖書に協力することになります。ここにおいて『音吉表現のギュツラフ訳聖書』が成立するのです。後にシンガポールに移

り、日本漂流民を帰国させる運動をしたり、立寄った日本遣欧使節団にアドバイスをしたり、日英和親条約締結では通訳官として訪日したりします。そして事業にも成功し、イギリス市民として迎えられていきます。

音吉思想の発掘はまだ半ばというのは、音吉において、右の後半部の活動を可能にしたもの、とりわけ思想はどう形成されたのかは、暗部として残され、いまだ解明されていないと思うからです。

たとえば、本人は望郷の念を持ちながら帰国できないのに、この挫折は大きかったと思いますが、日本漂流民を帰国させる運動をし、実際に帰国させています。この行為は、音吉が自らのうちに隣人愛や慈悲の心、恕や仁の心を陶冶させなかったら説明できない行為です。もしこうだとすれば、日本遣欧使節団へのアドバイスも、単なるアドバイスではなく、この心でヨーロッパとの交流の大切さを説きに行ったように思えますし、日英和親条約の交渉も、日本では攘夷思想との関係で、外圧と考えられがちですが、音吉にとっては、日本がこの条約を結べば、往来自由の世界と友好関係を結ぶ大きな一歩になると思い、隣人愛の実践としてそれを説きに行ったように思えます。何がこの挫折を克服させ、音吉の思想を陶冶させたのでしょうか。この問題の解明です。

以上の暗部としての音吉思想の陶冶については、宣教師のギュツラフに会い、彼の日本語訳聖書に協力する中で述べた『音吉表現のギュツラフ訳聖書』（これ以降は「音吉聖書」と表記）の中にあると私は推測します。

私は右で、「音吉思想の発掘はまだ半ば」で、まだ「暗部として残されている」と書きましたが、この音吉聖書が私の努力において解読されるなら、暗部の思想部分が明らかになるわけで、かなり進むものと確信します。

第二部で、この音吉聖書を詳しく紹介しますが、この音吉聖書は、仏教思想によるキリスト教理解と言っていいほどに仏教的なのです。ということは、資料的には音吉が寺子屋で学んだという記録はまだ発見されていないけれど、寺子屋で学んだに違いないと言っていいでしょう。小野浦には良参寺というお寺があり、そこで寺子屋が開設されていましたので。

音吉は十三歳で宝順丸の水主になります。今日の学齢で言えば中学一年生です。その音吉がどのように自らを鍛えていったかは、詳細には分かりませんが、その土台となった仏教思想は良参寺の寺子屋で学んだはずです。当時の寺子屋の寺子となるのは、今日の学齢期とほとんど同じですが、入学は自由でした。音吉は頭のいい子ですので、保育園の年長頃から寺子屋に入り小学六年生頃まで学んだことでしょう。寺子屋では　読み書き算盤とともに人の道としての仏教思想（菩薩道）が教えられていました。

異国の地マカオで、宣教師ギュツラフの聖書和訳に協力した時、音吉は故郷の良参寺の和尚さんに再会した気持ちになったのではないでしょうか。人々の幸せを願う思想では、キリスト教の隣人愛思想も仏教の菩薩道も同じですから。音吉は一生懸命イエスの生き方を学ぼうとして協力し、自らの生き方に再開眼し、この思想を自らのものにして哲学的に陶冶させていったように私には思えます。第三部音吉聖書読解の所で確認しましょう。
＊音吉聖書との関連でギュツラフの思想を紹介します。研究者たちの証言によれば、ギュツラフは音吉らと会う前に、すでに日本語訳の聖書（ヨハネ伝）を完成していたのですが、よりよい日本語訳を求めて、音吉らに協力を求めたと言われています。私はこのことを考慮して、音吉聖書を『音吉表現のギュツラフ訳聖書』と呼称する次第です。ここは日本語ではこういう意味になるが、君たちはどう言うのか。こう言うと思います。いやこうではないかなあ。こんな議論を経て訳語が決定されていったと思います。私がこういう書き方をするのには理由があります。音吉聖書を読んですごく感じたのはギュツラフの指導力でした。音吉たちが仏教思想で理解するのに対して、それをしっかり受け止めて、これをキリスト教思想でまとめていきますが、この指導力です。しかしもしか

したら、「音吉表現」はギュツラフ自身であったのかもしれません。彼は「善徳」と名のるほどに仏教に通じていましたので。それはさておき、ギュツラフはこのヨハネ伝のイエスのように生きた人でした。ヨハネ伝は人々を極楽に導くのが神の教えと説きますが、これこそがギュツラフの生き方であったようです。ギュツラフを讃える碑文には以下の文言が記されているとのことです。「わが身とわが心は衰えた。されど神はわが心の砦、わがとこしえの嗣業なり」と。更にギュツラフは音吉聖書を作成する時、「この仕事（翻訳）は歴史に残る仕事です！　神が喜んでくださる仕事です」と何度も言っていたと言います。仏教の菩薩道とキリスト教の隣人愛の思想が共鳴しあって、この音吉聖書はできた、このように理解してまちがいないと思います。そしてこの作業の中で音吉自身、菩薩道と隣人愛思想を自らのものにし、自らの思想として深め陶冶させていったのだと思います。

この本は、以上のことを、以下で具体的に論証していくことを目標としています。

令和三年十一月

目次

第一部　音吉聖書に至る道

この第一部では、音吉聖書を理解する上で必要と思われるものを、いくつかまとめておきます。

①音吉の生涯（一八一九―一八六七）

・一八一九（文政2）年　0歳　知多郡小野浦村（現美浜町小野浦）に誕生。

・一八二四（文政7）年頃　5歳頃
　～　～　良参寺の寺子屋で学ぶ（？）

・一八三一（天保2）年頃　12歳頃

・一八三二（天保3）年　13歳　樋口重右衛門の持ち船、宝順丸（尾州廻船）に乗船。鳥羽港を出帆後、嵐に遭い北太平洋を漂流。

・一八三四（天保5）年　15歳　アメリカ、ワシントン州のフラッタリー岬に、岩吉・

・一八三五（天保6）年　16歳

久吉とともに漂着。マカ族によって救出される。その後、イギリス商船によってロンドンに送られる。

（十四人の乗組員のうち生存者は右記の三人）

ロンドン着。一日だけロンドンを見学。その後、日本送還が計られるも、日本の鎖国のために果たせず断念。マカオで下船。宣教師ギュツラフに預けられる。

・一八三六（天保7）年　17歳

三人はギュツラフの日本語訳聖書に協力。岩吉・久吉は途中で脱落。音吉は最後まで協力。

・一八三七（天保8）年　18歳

九州の漂流民の庄蔵らとともに、三人はイギリス商船モリソン号にて浦賀へ送還されるも、砲撃を受け、上陸できず、またもやマカオに帰ることになる。

・一八三八（天保9）年頃　19歳頃

音吉はアメリカに行く。

・一八四三（天保14）年頃　24歳頃

音吉は上海のデント商会に就職。この頃から、日本漂流民の帰国支援活動を始める。またジョン・M・オトソンと名のる。

・一八四九（嘉永2）年　30歳
イギリスの軍艦マリナー号で、浦賀に行く。中国人名・林阿多（リン・アトウ）を名のって。

・一八五三（嘉永6）年　34歳
灘の漂流民を自宅に引き取り、中国経由で翌年帰国させる。

・一八五四（安政元）年　35歳
イギリスのスターリング艦隊の通訳として長崎に行き、日英和親条約締結に貢献。

・一八六二（文久2）年　43歳
シンガポールに移住。同地で幕府の遣欧使節団に面会。この時福沢諭吉とも会う。

・一八六四（元治元）年　45歳
イギリスへの帰化が認められイギリス市民に。当地での活躍が認められて。

・一八六七（慶応3）年　48歳
シンガポールにて病死。

②音吉研究の経過

第一段階

日本聖書協会によるイワキチ、ヒサキチ、オトキチ発掘から頌徳記念碑建立まで

戦前から岩吉、久吉、音吉（いわゆる三吉）らがギュツラフの日本語聖書訳に協力したことは知られていましたが、本格的に研究が始まったのは、都田恒太郎氏が日本聖書協会総主事になられた時からです。この研究は、三吉はキリスト教や聖書にとって大変重要な人物で小野浦出身と聞くが、本当に実在したかを確認せよとの都田氏の大号令でもってはじまったからです。配下の者たちが二十数回にわたって小野浦を訪問します。その中で、宝順丸の船頭重右衛門の曽孫樋口源太郎氏に偶然会うことができたのでした。バス停で、今日も徒労に終わったなあと思いながら、隣に座った人に愚痴話を語ったら、私が曽孫の樋口源太郎ですと名のられて。こうして三吉発掘に道がつき、研究は本格化します。源太郎氏の案内で三吉の菩提寺良参寺に行き、良参寺の墓石、過去帳で実在を確認します。

このことを都田総主事に報告します。総主事は「これは聖書翻訳の歴史に残る重大な発見だから、現地に記念碑を建てよう」と言い、「岩吉、久吉、乙吉頌徳記念碑建設委員会」を

組織します。そしてこの頌徳碑建設運動を、日本聖書協会だけのものにするのでなく、みんなのものにしようと言って、「建設趣意書」をつくり、官庁や美浜町、報道関係や民間企業に広く協力を呼びかけます。こうした運動の中で、六十五万円もの寄付が集まり、美浜町小野浦に頌徳碑が建設され、一九六一年四月五日に除幕式を迎えたのでした。

この除幕式には、船頭重右衛門の子孫の樋口源太郎氏、音吉の子孫の山本豊次郎氏、久吉の子孫の樋口たち氏も、来賓として出席しました。

（以上の叙述は、田中啓介氏の『ぐうたら信者の信仰告白―ギュツラフ聖書と交錯の半生―』（一九九二、私家版）を参考にしました）

第二段階

頌徳記念碑建立から三浦綾子『海嶺』（一九八一）・春名徹『音吉少年漂流記』（一九七九）の出版まで

日本聖書協会による三吉の発掘と頌徳記念碑建立に刺激されて、いろいろな研究者によって、音吉及び漂流物語が書かれるようになります。その代表的なものは、三浦綾子氏の小説『海嶺』（一九八一、朝日新聞）でしょう。限られた資料の中、ほとんど彼女のフィクションにおいて書かれていますが、音吉の思想や宝順丸の漂流の全体像を理解する上で、大変貴重な小説となっています。

次は哲学研究者春名徹氏の『音吉少年漂流記』（一九七九、晶文社）です。この中で、春名氏は、音吉が真実に偉大なのは、漂流を生き抜き、日本語聖書訳でギュツラフに協力したことにあるだけでなく、漂流民の帰国を助けたり、異境の地で誠実に生きた生き方にこそあると問題提起されます。貴重な意見をありがとうと言います。実際その通りですので。しかし私は、音吉はギュツラフ訳聖書に協力する中で自らの思想を陶冶させていったと思いますので、この部分については変更を加えることになります。ご了解ください。

三番目は、地元でも、音吉の子孫、山本豊次郎氏によって『頌徳記念碑由来記』（一九七〇）が書かれます。この中には、モリソン号で薩摩上陸を願い出た時のこと、許されなかったが、薩摩藩の役人の計らいで、音吉の手紙が父武左衛門（山本豊次郎氏の先祖）の下に届けられたという話と、音吉が「人々から神の如く敬われていた」という話が書かれています。大変貴重な資料・証言となるものです。

第三段階

三浦・春名の時代から日本・シンガポール草の根交流運動の発展とキリスト教関係者による音吉聖書の出版及びリョン・フォクメン『音吉の生涯』(二〇〇五)の出版まで

この第三段階は、音吉及び音吉思想研究のための基本資料がかなりのレベルで提出された時代と言えます。第一段階、第二段階の時代は、音吉たちが北太平洋を漂流したり、ギュツラフ日本語訳聖書に協力したり、漂流民を帰還させる運動をしたり、努力が認められてイギリス市民に推挙されたりということは、断片的には知られていましたが、具体的資料が欠けていました。そのために、論述に多くの推論を含むものになっていました。それが基本的に克服された時代と言えます。

地元美浜町では、音吉に関心が高まり、音吉探しが進み、シンガポール訪問が三度実施されます。他方、音楽劇「にっぽん音吉物語」も計画されます。地元や国内での講演とともに、音吉ゆかりのシンガポールやアメリカワシントン州、イギリスでも講演されます。こうした中で、シンガポール日本人会との交流が進み、音吉探しに協力してくれるようになり、リョン・フォクメン氏が『音吉の生涯』(二〇〇五、シンガポール日本人会)を書きます。漂流以降の音吉のマカオ、上海、シンガポール生活が書かれていて、音吉を知る上で貴重な本となっています。

同時にこの時期には、キリスト教関係者から画期的な資料がもたらされたのでした。まずピアソン会から『ギュツラフ訳聖書と新共同訳聖書対照復刻版』（一九九九、ピアソン会）が出版されます。ここにはじめてギュツラフ訳聖書（音吉聖書）が全面公開されたのでした。全文カタカナ書きでした。次いで、日本聖書協会から『ギュツラフ訳ヨハネによる福音書』（二〇〇六、日本聖書協会）が出版されます。この両著の「ギュツラフ訳聖書」は同一のものですが、それぞれが解説をつけています。この解説が素晴らしいのです。前者は田村喜代治氏が書き、後者は浜島敏氏が書いています。

この第三段階で示された以上の三著は大変重要ですので、以下で項を改めて、③として問題にします。

最後に田中啓介氏の『奇談・音吉追跡』（二〇〇三、日キ販）を紹介します。表紙裏のページに、「ギュツラフ聖書に魅せられ音吉に憑かれた男のライフワーク」と記し、音吉物語を「世界を股にかけた男の波瀾万丈の物語」として書いたと豪語します。しかし前に見た『ぐうたら信者の信仰告白』（一九九四）以来、音吉を追い続けて知り得た知識を羅列的に述べているだけですので、思想研究としては私は余り評価しません。しかし集大成の博学の書として読むと、知識の宝庫として役立つように思えます。ここでは、これ以上の紹介はできないけれど、個々の研究では役立つはずと述べておきます。

ともあれ、この第三段階において、音吉や音吉思想を研究する上で、土台となる資料と研究がかなりのレベルでもたらされたと言って過言ではないのですが、しかしこの第三段階につづく今日は、更なる前進があっていいはずなのに、ひとやすみと言うべきか、中だるみと言うべきか、研究に停滞が見られます。

私は音吉の思想の陶冶は、『音吉表現のギュツラフ訳聖書』に関わる中で培われたと思っています。春名徹氏や山本豊治郎氏によって明らかにされた音吉像はこの陶冶の後に生まれたものと思います。私は音吉聖書を現代語訳することにおいて、このことを具体的に示そうと思います。

③音吉聖書（『音吉表現のギュツラフ訳聖書』）を読む前に

『音吉表現のギュツラフ訳聖書』を読む前に、異境の地で誠実に生きた音吉を描いたリョン・フォクメン氏の『音吉の生涯』と、ピアソン会発行のギュツラフ聖書に添えられた田村喜代治氏の「解説」、及び日本聖書協会発行のギュツラフ聖書に添えられた浜島敏氏の「現代版への試み」は、ぜひ読んでほしく思います。『音吉表現のギュツラフ訳聖書』を読む上で決定的に重要な意味を持ちますので。紹介しましょう。

リョン・フォクメン氏の『音吉の生涯』

マカオ時代

・音吉がギュツラフから保護を受けた時、ギュツラフは英国の中国語通訳官をしていた。宣教師として自宅で新訳聖書を教えてもいた。

・音吉はその地で仕事を見つける。ギュツラフとの関係は保護から交流に変わる。親密な関係が生まれ、ギュツラフの日本語訳聖書に協力するに至る（一八三六）。

・洗礼を受けキリスト教徒になる。ジョン・マシュー・オトソンと名のる。この頃結婚。初婚の記録は残されていないが、彼女との間に娘エミリーを授かる。彼女の没後、ルイーザ・ベルダーと再婚。彼女との間にジョン・ウィリアム・オトソン（男）とアイーダ・ジュリア（女）を授かる。

・米国の商船モリソン号で音吉らは帰国を試みるも、日本の鎖国政策で失敗に終わる（一八三七）。

上海時代

・音吉は英国のデント商会に入社。頭もよく、英語もできたので、代表管理人の下で管理の仕事を任される。
・一八四九年に中国名リン・アトウ（林阿多）を名のり、中国名の通訳官として英国軍艦マリナー号で浦賀に向かうも、鎖国のため入国できなかった。
・この頃、中国人から儒教を学び、正直な人格を身につける。
・ギュツラフが香港で病死（一八五一）。
・音吉は、英国極東艦隊司令長官の下で通訳官として長崎に来航。日英和親条約締結に貢献（一八五四）。これ以降、通訳官として英国と日本の外交交渉の場で活躍するようになる。この時、福沢諭吉は音吉に会ったと証言。
・この頃から、日本人漂流民の日本帰国への援助活動をはじめる。
・太平天国の乱（一八五一～一八六四）が起き、危険が迫るも、上海に留まる。デント商会

に近いこともあって。（音吉は二重の生活をしていたようで、仕事は上海、家庭はシンガポールのようである）

シンガポール時代

・太平天国の乱の激化により危険が増し、一八六二年シンガポールに移住する（名実ともにシンガポールに移住したということであろう）。

・ギュッラフの最初の夫人のメアリーが亡くなる（一八四九）。音吉が埋葬費用を受け持ち、フォート・カンニング墓地に埋葬。

・一八五二年に愛娘の長女エミリーが死亡。同墓地に埋葬。

・この頃、オクスレーのオーチャード・ロード地区に自宅を建てる。音吉はこの地を自分の商売に運をもたらした宝の地と言う。

・一八六二年一月に、四十二名の日本遣欧使節団がシンガポール寄港。音吉はこの使節団をシンガポール市内を案内し、自分の家にも連れて来る。福沢諭吉が通訳官として乗船していて、彼は音吉を長崎で見ていて（一八五四）、音吉に話しかける。福沢は上海の事情、英国や米国の情報、日本は外国とどう付き合うべきかの見解を音吉から聞き、書き残している（『西航記』、『欧亜見聞』）。福沢は一流の国際人として対応する音吉を見て感動し尊敬をする。しかし福沢は音吉がキリスト教の考え方に偏っていることに懸念を表明。

・一八六二年二月、別の使節団がシンガポールに寄港。上級大使の渕辺徳蔵も音吉について書き残している。大きな家に住み、広い庭と花の豊かな生活を営んでいる。この生活は西洋学を学び、語学を身につけて貿易業をすることによってもたらされたと音吉は語ったと。

・音吉は中国に信頼されていたドイツのベッカー＆ベルダー商会に投資。貿易業で成功。右の「宝の地」とはこの成功を指す。

・一八六六年十二月、音吉は英国国籍の取得を許される。商人として長年活躍し、資産を持ち立派な市民であったがゆえに。

・一八六七年一月十七日、音吉はシグラップのアーサーズ・シート地区で亡くなる。

以上において、私は、フォクメン氏の『音吉の生涯』の紹介はできたと思います。音吉がこの地で成功した理由も書かれており、ギュツラフとの友好関係も分かります。しかし氏は同時に音吉思想を理解する上で、大変貴重なコメントも書きこんでいます。それを以下で紹介しつつ、私の見解を述べていこうと思います。

フォクメン氏は、音吉がシンガポールで成功し、英国市民となり、国際人として日本の進路を指導するほどの活躍をしますが、しかしそれを「日本人のアイデンティティ」を忘れてしたのではないと言います。そしてその証拠は、福沢との面談で、日本は後れてではあるが開港をし、また以前の規制から脱却して身分制度を払拭し、自由な社会へ向かっていることを知り、新しい日本への期待（自由往来）を大いに膨らませたことにあると言います。息子には、将来日本に帰るように諭したと言います。

日本に帰りたくても帰れなかった音吉。鎖国のために。にもかかわらず漂流民たちの帰国への手助けをしつつ、日英和親条約の締結に尽力。これらを合わせ考えると、音吉は自由な往来の制度を実現する中で帰国を考えていたのではないかと思えてきます。福沢諭吉との面談で知った日本の自由社会への深化、つまり自由を制度として確立してきた日本を喜ぶ音吉を見るとそう思えてくるのです。

では、聖書との関連では、音吉はこれらをどう表現するのでしょうか。現代聖書では「神の栄光」と言われている部分を、音吉聖書は、そう言わずに、以下のように言います。

神の知恵（ロゴス）を人間世界が正しく運用させるために、神は神の位をもつイエスを人間の位を持たせて降誕させます。そしてそのイエスは神の知恵に導かれて、奇蹟（不思議）

を起こし、人間の不自由を自由に変え、人間の自由を実現していきます。これが現代聖書が言う「神の栄光」の中味です。そしてこのイエスを信じ、イエスを見習って、人間は神の位を受け取って、人間の自由を大きく実現させていこうと言うのが音吉聖書の精神ですので、音吉もそのように生きたと思えるからです。

それゆえ、音吉がギュツラフの指導の下で学んだ聖書がヨハネ伝であったことも大事だと思います。このヨハネ伝は隣人愛の精神で神の知恵を生かそうという趣旨で一貫しているからです。これを学ぶ中で、自由を自分だけの自由でなく、みんなとともに自由になれる道、制度としての自由を実現していくことの大切さを学んだのだと思います。これこそが隣人愛だし、これこそが本当の自由だからです。音吉は音吉聖書をしあげる中で、このように自らを陶冶させていったように思えます。

神の栄光を期待するだけでなく、自ら実践し実現していこう。音吉聖書の特徴です。

そしてこの隣人愛の道は、良参寺の寺子屋で学んだ菩薩道を想起させるきっかけとなったことでしょう。挫折に沈んでいては駄目だ。人間として誠の道を生きるのでなければ。人間として生きるのでなければ。菩薩道は誠の道です。

次に、ピアソン会発行のギュツラフ聖書に添えられた田村喜代治氏の「解説」と、日本聖書協会発行のギュツラフ聖書に添えられた浜島敏氏の「現代版への試み」を、合わせて紹介することにします。『音吉表現のギュツラフ訳聖書』を現代語訳する上で、私が決定的な示唆を受けた両著です。

ピアソン会発行の音吉聖書に添えられた田村喜代治氏の「解説」と
日本聖書協会発行の音吉聖書に添えられた浜島敏氏の「現代版への試み」

ピアソン会の田村氏の「解説」では、現代聖書が「言（ことば）」と示す原語が「ロゴス」という語であると説明してくれていますが、その説明において。日本聖書協会の浜島氏の「現代版への試み」では、カタカナ書きの音吉聖書を、「現代版」として、漢字・ひらがな混じりの現代文風的表記になおしてくれていますが、その表記において。私はこの二つから、音吉聖書の現代語訳をしてみようと思うほどにインパクトを受けたのでした。

田村氏のロゴスの論は、ギュツラフはヨハネ伝の最初の文言「初めに言があった」の「言」の原語がロゴスであることを知っていて、そのロゴスの本来の意味は善悪を判断する

「知恵」であるので、そう理解し、これを「カシコイモノ」と訳したと言います。そして同時に田村氏は、ギュツラフは神を「ゴクラク」と訳したと言いますが、それはギュツラフの間違いでしょう。ゴクラク（極楽）は場所を示す語ですから。多分ギュツラフは以下の二つの意味を込めて間違いを犯したのだと思います。ヨハネ伝は人々を隣人愛のゴクラク（極楽・幸せなあり方）に導くために書かれていますので、「人々をゴクラクに導く神」という意味と、善悪の判断の知恵を持つ神は当然その世界に住んでいるはずですので、「ゴクラクの神」という意味です。私はこう考えて現代語訳する時、訳し分けをすることにしました。

次は浜島氏からのインパクトです。これだけ厳密に「現代版」を作成していただけると、だれしも現代語訳を試みたくなると思います。その一人が私だとまず申し上げておきます。

しかし、「現代版」を読んで気がつくことは、この「現代版」でさえ何が書いてあるのか分かりにくいということです。それゆえカタカナ書きの本物の音吉聖書はもっと分かりにくい。しかし辛抱して読んでいくと深いことが書かれていることが分かってくるのです。

＊ただこの現代版の問題点は、折角の漢字カナ混じり化なのに、現代聖書のように読ませようといろいろ工夫している点です。この工夫は音吉が理解した理解を読者に理解させにくくさせています。私はこの工夫の部分を除去して現代語訳をつくったと述べておき

ます。そしてこうしたことをしたお陰で、音吉の仏教思想からの理解を見ることができるようになったと述べておきます。

音吉聖書は話しことばの会話調で書かれています。これを文字を追って読むので難しくなるのです。書きことばの場合、語義を確定し、論理を整理して書きますので論理的に書けますが、会話の場合、語義を話しながら限定するという方法がとられますので、音声で聞いている時には、それなりに分かりますが、文字化されますと、補足や繰り返しやまとめが混在してきますので、一見支離滅裂な文に見えてしまうのです。ここから意味を取ろうとすれば、難しくなるのは当然となります。

それゆえ、私はここでの現代語訳は、会話調音吉聖書を書きことばによる音吉聖書になおすことに焦点をあててすることにします。どのようにしてそれをするか。音吉聖書と浜島氏の「現代版」をよく読み、語句を整理し、意味を論理的に確定するという方法でするということです。

具体的にはどうしたか。田村氏が「解説」で問題にしたヨハネ伝の冒頭部分と、「オンギとホント」の項で取り上げている第1章14節において示すことにします。「考察」に注目してください。

［冒頭部分］

音吉聖書

ハジマリニ　カシコイモノゴザル。コノカシコイモノ　ゴクラクトモニゴザル。コノカシコイモノワゴクラク。ハジマリニコノカシコイモノ　ゴクラクトモニゴザル。ヒトワコトゴトク　ミナツクル。ヒトツモ　シゴトワツクラヌ、ヒトワツクラヌナラバ。ヒトノナカニイノチアル、コノイノチワ　ニンゲンノヒカリ。コノヒカリワ　クラサニカガヤク。タダシワ　セカイノクライ　ニンゲンワ　カンベンシラナンダ。

現代版

始まりに、ロゴス（カシコイモノ）がござる。このロゴス（カシコイモノ）は、上帝（ゴクラク）とともにござる。このロゴス（カシコイモノ）は上帝。始まりに、このロゴス（カシコイモノ）は、上帝とともにござる。彼（ヒト）が悉く、みな造る。彼（ヒト）が造らぬならば、一つも仕事は造らぬ。彼（ヒト）の中に命がある。この命は人間の光。この光は暗さに輝く。ただしは、世界の暗い人間は勘弁しらなんだ（＝理解できなかった）。

現代聖書

初めに言があった。言は神と共にあった。言は神であった。この言は、初めに神と共にあった。万物は言によって成った。成ったもので、言によらずに成ったものは何一つなかった。言のうちに命があった。命は人間を照らす光であった。光は暗闇の中で輝いている。暗闇は光を理解しなかった。

考察

現代聖書は、「創世記」を想起してこのように訳したと思えますが、音吉聖書を見ていると、少しズレを覚えるのでした。

「ハジマリニ」が気になりました。「ハジマリニ」は、「ものごとを始める前に考えておくべきことは」ということを言うための書き出しに思えるので、工夫をしました。そして、このヨハネ伝は、人間が神の位に立って、神の知恵（ロゴス）を人間世界に生かすことを人間に説いています。こんなことを考えて、以下の現代語訳を作成しました。

＊先走って言えば、この神の知恵とは隣人愛のことです。隣人愛において幸せになろうというのが、ヨハネ伝の精神です。

私の現代語訳

世の中で一番大切なものは善悪を判断する知恵であって、この知恵は人間を極楽へ導こうとする神によってもたらされる。また神は人間をそういうものとしてお創りになられた。だから人間には使命があって、その使命を自覚することが大切である。そしてこれこそが人間を照らし導いていく光となるのである。この光において人間は暗闇から脱却することができる。しかし、人間は暗闇に沈んでいるために、このことが正しく理解できないでいる。

＊少し訳しすぎのように思えますが、しかし右で述べたヨハネ伝の精神からすると、こうでなければならないように思えます。

［第1章14項］

父なる神より派遣されたイエスを、人間に恩恵をもたらす人として紹介している場面。

音吉聖書

カシコイモノワ　ニンゲンニナラアタ　ワタクシドモ　トモニヲツタ。ワタクシドモヒトノクライヲミタ、クライワ　チチノ　ヒトリムスコ、ヲンゲイホントニイイパイ

現代版

ロゴス（カシコイモノ）は人間に成らあて、私どもとともにおった。私どもは彼（ヒ

ト）の栄光（クライ）を見た。その栄光（クライ）は父の独り息子（のもので）、恩恵（オンゲイ）と真理（ホント）で充満（イイパイ）。

現代聖書

言は肉となって、わたしたちの間に宿られた。わたしたちはその栄光を見た。それは父の独り子としての栄光であって、恵みと真理に満ちていた。

考察

私にはどう読んでもイエスのこの世への派遣は、父（神）が独り息子を人間の位において降誕させたとしか読めないので、以下のように現代語訳します。彼の栄光は彼の実践において示されるもので、実践していないこの段階での彼の栄光とは何でしょうか。これから栄光を示してくれる栄光ということなのでしょう。

私の現代語訳

善悪を判断する神の知恵をもった方が人間になられた。そしてその人は私たちとともにおられた人間であって、極楽の神の独り息子でありながら、人間の位（姿）において立つ人間として降誕されたのだった。実際この人は、本当にオンゲイ（恩恵）を一杯施してくれる方であった。

以上において、私の音吉聖書の現代語訳の方法は理解していただけたと思います。音吉が理解した理解を正確に理解するという努力において現代語訳につとめました。「考察」が我が論のポイントです。

その結果、音吉聖書は仏教徒の音吉理解による聖書となりました。海老沢有道氏が、『最初の邦訳聖書　ギュツラフとベッテルハイム訳聖書―天理図書館本解説―』（一九七七）の末尾で、この音吉聖書のことを、「キリスト教と仏教の宥和が試みられた貴重な聖書」と言っていますが、まさしくその通りと思います。ただこれに一言、私は宥和のみならず、音吉の哲学思想の陶冶の物語を示す聖書にもなっていると付言しますが。

音吉は、仏教が持つ人々の苦しみを救う慈悲の心を、神が持つ人々を善に導く知恵（隣人愛）において開花させようとしているように読めます。

＊次頁に、実際の音吉聖書と「現代版」がどのようなものであったかを、音吉聖書の第一ページの部分をコピーで示しておきます。カタカナ表記が音吉聖書、漢字・ひらがな混り表記が「現代版」です。

約翰之福音傳　ヨアンネスノ　タヨリ　ヨロコビ

一節 ハジマリニ《始まりに》 カシコイモノゴザル《賢い者　ござる》。コノカシコイモノ《この賢い者》 ゴクラクトモニゴザル《極楽　共に　ござる》。コノカシコイモノワゴクラク《この賢い者は　極楽》。

二 ハジマリニコノカシコイモノ《始まりに　この賢い者》 ゴクラクトモニゴザル《極楽共にござる》。三 ヒトワコトゴトク《人はことごとく》 ミナツクル《みな造る》。ヒトツモ　シゴトワツクラヌ《②一つも仕事は造らぬ》、

ヒトワツクラヌナラバ《①人は造らぬならば》。四 ヒトノナカニイノチアル《人の中に　命ある》、コノイノチワ《この命は》 ニンゲンノヒカリ《人間の光》。五 コノヒカリワ《この光は》 クラサニカヾヤク《暗さに輝く》。

タヾシワ《ただしは》 セカイノクライ《世界の暗い》 ニンゲンワ《人間は》 カンベンシラナンダ《勘弁しらなんだ》。六 ニンゲンワアル《人間はある》 ナワヨハンネス《名はヨハンネス》、ゴクラクカラツカワシタ《極楽から遣わした》。

七 アノヒトワ《あの人は》 ダンギヲカタリニイータ《談義を語りに行いた》、ヒカリユエダンギカタル《光ゆえ談義語る》、ミナニンヒトヨリ《皆人、人より》 ゾンジル《存じる》。八 コノヒトワヒカリワ《この人は光は》

ナイ《ない》、タヾシワ《ただしは》 ヒカリユエ《光ゆえ》 ダンギヲカタル《談義を語る》 タメニ《ために》。九 コノマコト《この真》 ヒカリ《光》 ミナニンゲン《皆人間》 セカイエクル《世界へ来る》 カヾヤク《輝く》。

第二部　音吉聖書を読む（現代語訳）

音吉聖書とは「音吉表現のギュッツラフ訳聖書」のことでした。現代語訳の仕方については、第一部の各所で述べた通りです。しかし述べてない部分についてはここで述べておきます。各章直下の（　）で示した太字の文言は、訳者（私）がつけたそれぞれの章の要約ておきました。音吉聖書にはないものです。また地名と人名については現代聖書の地名・人名で統一しです。更に文中の（　）には、原語（カタカナ）を入れた場合もありますし、意味を補足するために入れた場合もあります。ご了解ください。

約翰之福音傳　ヨハネが伝えるよろこびの知らせ

第1章（神の願いは、人間が善悪を判断する神の知恵をもって、人間世界を極楽世界に変えていく人間になることである。神は人間を導くために独り息子のイエスを降誕させる。以前は、モーゼに神の教えを律法（法度）として示させただけであったのでうま

くいかなかった。そこで、イエスを神の教えを実践する人間として降誕させたと言うのである）

世の中で一番大切なものは善悪を判断する知恵であって、この知恵は人間を極楽へ導こうとする神によってもたらされる。また神は人間をそういうものとしてお創りになられた。だから人間にはイノチ（使命）があって、この使命を自覚することが大切である。そしてこの自覚こそが人間を照らし導いてくれる光となるのである。この光において人間は暗闇から脱却することができる。しかし、人間は暗闇に沈んでいるために、このことが正しく理解［勘弁］できないでいる。

神から派遣された人がいる。その人の名前はヨハネ。ヨハネはこの光の意味を人間に談義するために（説くために）派遣されたのである。すべての人間がヨハネによって光の意味を知るに至ることを願って。だから我々はヨハネを信じよう。しかしヨハネは光（神）ではない。光の意味を正しく人間に知らしめるための人である。だからヨハネが知らせる真実の光の意味を人間が考えるようになれば、人間は輝くようになれる。

さて、その光（神）は人間世界にあって、人間世界はその光の神によってつくられているのに、人間世界はその神を知らないでいる。神が自分の屋敷へ来ているのに、人間は迎えようともしなかった。しかしこれから神を迎えるようになれば大勢の人々に、神は位勢を与える。つまりその人々は極楽に導く神の位勢を身につけ、神の子どもとなるのである。神を信じることによって、人々は血縁や欲望や夫の欲から離れ、人々を極楽に導く神の思想において思考するようになれるのである。

善悪を判断する知恵をもった方が人間になられた。そしてその人は私たちとともにおられる人間であって、極楽の神の独り息子でありながら、人間の位（人間の姿）において立つ人間で、恩恵を一杯持っておられる方である。ヨハネは更にこの人について談義を重ねる。ヨハネは大声で言う。このお方は私についてきた人で、私が前にいたけれど、私どもの先頭に立たれる人であると。私たちはみな、このお方が持つ無尽蔵の恩恵の中から恩恵を受け取るのであると。かつてモーゼからは法度（律法・守るべき道）がみなに示されただけであったが、正しく言えば、この人（イエス）はキリスト（救世主）として、恩恵を本当に実践（実現）される人間として存在されることになったのだと。それゆえ、確かに未だ極楽の神を見た人間はいないけれど、しかし正しく言えば、この独り息子のイエスが、父なる神が抱いておられるものを我々に教えてくれる人間として存在するから、神を見ることにもなるのだと。

ユダヤ人たちは、エルサレムの城下から信者［信徒者］やレビ人（神の下僕）たちを派遣して、ヨハネに質問させた。そのように説教するお前は何者だと。ヨハネは応えた。理の通らないことを言っているのではない。当然のことを言ったまでだと。私はキリスト（救世主）ではないと。そこでその人たちは更にヨハネに問う。お前は何を言っているのか。お前はイザヤ（預言者）なのかと。ヨハネは応える。私はイザヤではない。お前は以前からイエスを知っていると言ったのではないかと。ヨハネは返答する。しかし私はイザヤではない。その人々は、それではお前は一体何者なのだ。自分で言ってみろと言う。私たちを派遣した人に返答する必要があるのでと。ヨハネは言う。私は荒地で叫ばれる人の声であると。〈天の道、地の道によって正せ〉という帝（王）の声なのだと。それゆえ、イザヤのように私は、それを実践されているイエスを以前から知っていると言ったのだと。この使いにやらされた人々はファリサイ派の人々であった。その人たちはまたヨハネに問う。お前はキリスト（救世主）でもない、イザヤでもない。それから、お前が前から知っている人は人間でもないと言うのに、なぜお前は水で垢離をとらせた（身を清めさせた・洗礼させた）のかと。ヨハネは返答して応える。私は確かに垢離を取らせた。正しく言うと、お前たちの中に立っている人については、お前たちには理解できないということだけなのだと。あの人は私について来た。だから私は前に会ったと言ったのだ。そこで私は心安く靴のひもを解いてあげたのだと。みなは納得してことごとくヨルダン川に向かい、ベタニアでヨハネから水で垢離（清め・洗礼）を受けることになる。

その翌日、ヨハネは、イエスが人々の所へやって来るのを見てこう言った。極楽へ導く神の子羊（イエス）を見よ。この方こそは人々がつくった世界の罪を取り除きに来てくださったのだと。そういう方だからこそ私は言ったのだ。あの人は私についてきたが、しかし私の前におられる方で、先頭に立たれる方なのだと。本当は私自身もあの人のことは分からないのだ。このことを正しく言い換えると、私がイエスに水で垢離を取らせたのは、イスラエル人に垢離を取らせることの大切さを示すためにしたのだと言いつつ、ヨハネはやさしく談義（説教）を始めるのだった。神は家鳩と同じで、天から下るものゆえ人間の上でのことだから、私にはその人のことは分からないのだ。正しく言えば、私に垢離を取らせるために使いに出された人が私に言った言葉が正しいのだ。〈あなたは神が人に天下るのを見た。このありがたい神の子に、あなたは垢離を取らせたのだ〉という言葉が。私は、人々を極楽に導こうとする神の息子の天下るのを見たので、こう証言［談義］するだけなのだと。

その翌日もヨハネは二人の弟子とともにいた。ヨハネはイエスの歩くのを見て言った。見よ、あの人が神の子羊だと。二人の弟子はそれを聞いてイエスに従った。イエスは二人がついてくるのを見て言った。お前たちは何が聞きたいのかと。彼らは言った。ラビ（師匠）はどこにお泊まりですかと。イエスは来なさいと言った。そこで二人はついていった。二人はイエスの下で泊まった。二人のうちの一人はアンデレで、シモン・ペトロの兄であった。アンデレは弟のシモンを見て言った。私はメシアに会った。言葉を換えて言えばキリスト（救世主）に会うことができたと。アンデレはシモンをイエスの下に連れて行く。イエスはシモンを眺めて言った。お前はシモン・ヨナの息子であるが、ケファと呼ぶことにする。ペトロとは違う名だけれども。

翌日、イエスはガリラヤに行こうとしてフィリポに会い、私についてこいと言う。フィリポはアンデレとシモンの出身地ベトサイダの出身であった。フィリポはナタナエルに会って言った。私たちはナザレの人で、ヨセフの息子、モーゼの律法（法度）や預言者の言葉に出て来る人のイエスに会ったと。ナタナエルはフィリポに言う。何か良い人がナザレから来たのかと。フィリポは言う。会いに行けと。イエスはナタナエルが自分の方に近づいてくるのを見て、その人柄について語った。見よ、真実のイスラエルの人間、嘘を言わない人だと。ナタナエルはイエスに言った。どうしてあなたは私を知っているのですかと。イエスは返答して応えてその人に言う。私はお前を既に見ている。フィリポがお前に声をかける前に。私はお前と無花果の木の下で会っているのだと。ナタナエルは返答してイエスに言った。ラビ、あなたは極楽に導く神の息子。あなたはイスラエルの殿様（王）であると。イエスは返答してナタナエルに言った。私が、お前と無花果の木の下で会ったと言ったから信じるのか。しかし、もっと偉大なものをやがて見るだろうと、イエスはナタナエルに言う。私は本当のことをお前たちに言う。これから、天を開けて、極楽へ導こうとする**神**が、人間となった息子の上に天下るのを見ることになるはずであると。

＊この太字の神は、この音吉聖書にはじめて「カミ」と書かれて登場。現代聖書ではここでは「天使」と訳されている。このカミはこれからも出てくるが、現代聖書では多くは「聖霊」と訳されていく。

第2章（イエスが起こす不思議（奇蹟）において信者はふえるが、人間の心はいろいろであって、すべてが信者とは言えない。しかし今のこの段階では、信者の基準を人間に任せておくことにすると言う）

三日後に、ガリラヤ国のカナという所で振舞（婚礼）があった。イエスの母もそこにいて、イエスは弟子たちとともに振舞（婚礼）の場に招かれた。葡萄酒がなくなった時に、イエスの母はイエスに言った。あの人たちの葡萄酒がなくなったと。イエスは母に言った。ご婦人よ、あなたは私に何をせよと言うのですか。まだ私の時代ではないのですよと。しかし母は下男どもに言った。イエスが何かをお前たちに言うはずだ。その時は従っておくれと。向こうの方に石の手水鉢が六つあった。その中にはおのおの二、三升は入る。綺麗に並べられてあるのはユダヤ人がさまざまに手を洗うためにであった。イエスはあの人たちに言った。手水鉢に水を一杯入れよと。その人たちは一杯首のところまで入れる。イエスはその人たちに、今担いで出して世話役に持っていかせよと。その人たちは持っていく。世話役はどこから持ってきたかを知らない。正しくは下男どもが水を担いできたのを知っているだけだった。世話役はその水を葡萄酒と思い味見する。世話役は婿を呼んで人々に向かって言った。普通人は最初に良い葡萄酒を並べる。人間が酔った時には薄い（悪い）葡萄酒を取らせる。しかしお前は、酔いのまわったこの今に良い葡萄酒を振舞ったと。イエスはこのように、最初の不思議（奇蹟）をガリラヤ国のカナで起こされたのだった。己の位（威厳）を示された。弟子たちはイエスを信じた。それからイエスは、母兄弟、弟子たちとともにカファルナウムの所に下りて行った。そこで少しばかり滞在するために。

ユダヤ人のお節句（例大祭・過越祭）が近づいていたので、エルサレムの城下へと登っていった。イエスは、寺院（神殿）で牛や羊や鳩を売っている者や、両替をしながら腰をかけている者を見るのだった。イエスは縄を持ってきて鞭をつくり、羊や牛を寺院（神殿）の外へ追い出し、両替屋の銭をばら撒き、書きもの台をひっくり返す。そして鳩を売っている人に言う。これを運び出せ。私の父の城で店をやってはならないと。その時イエスの弟子たちは思い出すのだった。お前の城ゆえくたびれるほどに大切にせよと書いてあるのを。そこでユダヤ人たちはイエスに言った。あなたは神の子としてこんなことをしたのですかと。あなたはその不思議（証拠）を示すことができるのですかと。イエスはその人たちに応える。この寺（神殿）を壊せ。三日の間に私がつくり直すと。ユダヤ人たちは言った。この寺を四十六年かけてつくった。あなたは正しく三日間でつくり直すと言うのかと。イエスは（本当はこの寺のことでなく）人の体の寺のことを言ったのだった。イエスが死んで生き返った時に、弟子たちはそう思った。この言葉が経文（聖書）の中に書かれていることを知って、イエスを一層信じるのであった。

パスカのお節句（例大祭・過越祭）の時に、イエスが城下で不思議なことをしたのを沢山の人が見ていた。そこでイエスの名を信じるのだった。正しく言えば、イエスはみなの人間性を知っていて、自身をあの人たちに任せただけであった。イエスは自身が人間であるがゆえに、敢えて自分を現わす必要はなかったが、しかし同時に、イエス自身は人間の中に何があるかを知っているのであった。

第3章（人間は再生しなければならない。再生とは神の思想において生まれ変わることである。つまり人間を救う神の思想を身につけて生きるようになることである。今人間世界は幸せ薄い中にあるので、人間が再生するのを願って、神は息子の私を人間世界に降誕させたのである（第15章参照）。しかしこの降誕とともに人間世界に分裂が生じてくるのでもあった。私（イエス）とともに生きる人と私（イエス）を欲しない人との分裂である）

ファリサイ派の人で、ユダヤ人の頭人、名はニコデモという人が、夜イエスのところへ来て言う。師匠、ワシは知っている。あなたが神の下から来た先生であることを。人間の形のない神ではできないことをあなたはする。極楽の神の助けなしにはできない不思議なことをあなたはするのでと。イエスはその人に応えた。私は本当のことをお前に言おう。人間は再生しなければ極楽の神の国を見ることはできないと。ニコデモはイエスに言う。老人がどのようにしたら生まれ変われるのか。再び母の腹に入って生まれ変わるのかと。イエスは返答する。私はお前に本当のことを言おう。人間は水と神（カミ・霊）で生まれ変わるのでなければ、神の国（極楽）には入れない。肉で生まれたものは肉。神（霊）で生まれたものは神（霊）。お前たちは驚いてはいけない。しっかり再生せよと言っているのだと。風はどこでも吹いている。お前はその音を聞く。しかしどこから来てどこへ行くかは知らない。人はみな神において生まれたことを知らないのと同じである。ニコデモはイエスに言った。どうしてそうなるのかと。イエスは応えて言う。お前はイスラエル人の師匠だろう。こんなことが分からないのか。私はお前たちに本当のことを言い、私が知っていることを語り見たことを語っているのに、お前たちは私の語るのを正しく聞こうとしない。お前たちに地上での物語をしたのに信じてくれない。では、天の物語をしたら信じてくれるのだろうか。正しく言えば、天にいた息子が人間の形をして天から下り、その息子が身体のない魂となって天に昇るという物語を。つまりモーゼは荒地で蛇を差し上げたが、人間の息子も同じようにされるはずであるという物語を。神を信じる者はみな腐らない（死なない）という物語を。永遠の命を得るために。

極楽の神は世界の人間をかわいく思っている。だからひとり息子を使わされたのだ。当然それは世界の人間を戒めるためではなく、正しく言えば、世界の人間を救うためにだ。しかし戒められる人が出て来る。正しく言えば、信じない人が戒められるのだ。神のひとり息子の名を信じない者が戒められる。その結果、確かに光は世界で輝くに至ったが、逆に、暗さを欲し、光を欲しない人間が生まれても来るのだった。悪い仕事をしているがゆえに。悪い仕事をしている人はみな光を嫌い、光のある所へは来ない。その仕事が露見してしまうので。反対に誠実の人はみな光の所に集まるようになる。神が極楽世界でつくられた、つまり神に則ってつくった仕事を明らかにするために。

その後、イエスは弟子たちとともにユダヤの国にやって来た。そこで滞在し垢離を取らせた（洗礼を授けた）。ヨハネもサリムの近くのアイノンで垢離を取らせた。多くの人が垢離を取ったために水があふれた。ヨハネはまだ牢には入れられていなかった。その時、ヨハネの弟子たちとユダヤの古い人たちの間で、清めということで争いが生じた。そこでその人たちはヨハネの所へ来て言う。師匠、お前とともに、ヨルダン川の向こうで垢離を取らせている人を見よ。お前が談義（説明）してくれたあの人を。あの人の所へみなついて行く。これはどういうことだと。ヨハネは応えて言う。天から（ひとり息子を）下されなかったら（降誕されなかったら）、人間はどんな救いも手にすることができない。お前たちが、私に説明せよと言った時、私は〈キリスト（救世主）ではない、その人の降誕を先触れする人間として派遣された〉と言ったが、そのことをお前たちが今実証してくれているのだ。花嫁を迎える婿の声を聞くと友達はすごく嬉しくなるように、私もイエスの声を聞くとすごく嬉しくなる。イエスが広く受け入れられるようになれば、私の役目は終わるのだと。

天から下された（降誕された）人が人々の上に立っておられる。その人は見聞したことを談義しながら語る。正しくは、人間の形をしていながらいなくなる人（イエス）の談義を人々は聞くことになる。このイエスの話を聞いた人はやがて極楽（天国）の真実を認め、判を押すだろう。天国に派遣された人は天国の言葉を語り、極楽の神様から恩恵を沢山受け取るだろう。天の父は天の息子をかわいがる。多くのことを息子に指図してやらせる。だから天の息子を信じる人はあらん限りの命（永遠の命）をいただくことになり、逆に天の息子を信じない人はその命を受けない。正しく言えばその人は罰を受けることになるのだ。

第4章〈正直なサマリアの女にイエスは説く〉心から神を信じ拝むことが大切だと。そして神の不思議は、ヤコブの井戸のように、人間が助け合って生きていくに必要な物を願うことにおいてなされるのだと。人間が助け合って共存の道を願う時、不思議がおこ

されるのだと。これこそが神の知恵。しかし不思議を起こすから信じるというものがまだまだ多いのだった)

ユダヤの頭人は、イエスがヨハネよりファリサイ派の人間を多く弟子にしているのを、つまり垢離を取らせていることを聞き知ることになる。本当はイエス自身が垢離を取らせたのではなく、その人の弟子がやったのだったけれど。イエスはユダヤを離れて再びガリラヤに向かった。イエスはサマリアを通って行った。シカルに近いサマリアに着いた。この地は今はヤコブが息子ヨセフに田地(田畑)を譲っているが、昔はヤコブのものであった。そこにある井戸にイエスは旅に疲れたので、腰掛けた。丁度正午頃であった。

そこへサマリアの女が水を汲みに来た。その女にイエスは言った。私に飲む水をくれないかと。弟子たちは食い物を買いに行っていた。サマリアの女が言った。私はサマリアの女。ユダヤ人とサマリア人は付き合いがない。どうしてユダヤ人のお前が私に飲み水を請うのかと。イエスはその人に応えた。この請いが極楽の神からくだされたものと知るならば、お前の方から私に請い、水をくれるであろうと。そこで女は言った。井戸は深い。頭人よ、釣瓶はないのに、どうやって命の水を取るのかと。お前は私たちの先祖のヤコブより偉いのか。ヤコブは私たちのためにこの井戸を作ってくれた。この井戸において、ヤコブはもとより息子も獣（家畜）もともに水を飲むことができるようになったと。イエスは更に言う。人はみなこの水を飲むも再び口が渇く。しかし私が取らせる命の水は永遠に口を渇かせない。正しく言えば、私が取らせる命の水は人間の中では湧き水になるので、命の限り永遠に噴き出ると。女はイエスに言った。頭人よ、その水をワシにもください。口が渇かぬように、再び水を汲み出しに来なくてすむようにと。

イエスは女に言った。お前の夫をここに呼べと。女はワシには夫はいないと応える。イエスは言う。お前は善い話をした。私には夫はいないと。しかし以前お前には夫が五人いた。今のお前にはいないけれど。このことを正直に述べたと。女は言った。頭人よ、ワシはあなたを以前から見て知っている。ワシの先祖はこの山を拝んでいた。あなたは正しくエルサレム城下で拝むべきだと話してくれたことを。イエスは言った。女よ、私を信じよ。善い時がやって来た。この山でも、エルサレム城下でもない所で、天の父をお参りする時がやってきたと。お前たちは知らないで拝んでいるが、私たちは理解して拝むべきなのだ。救いはユダヤ人からやって来るのだからと。善い時がやって来た。今がその時なのだ。天の父に心から様々に本当に拝む人、天の父はかようにお参りする人を求めておられるので。極楽の神は、人間が様々にお参りしようが、心からお参りする人を求めておられるのだからと。女はイエスに言った。ワシは知っている。キリストと名づけられた救世主が来ることを。そして一切のことを話してくれることを。イエスは女に言う。それは私である。今お前と話をしている人間がそれであると。

その時弟子たちが帰ってきた。イエスが女に話しているのを見て驚いた。しかしお前は何を尋ねたのかとか、何をイエスに話したのかと聞く人はいなかった。女は水瓶を置き、町へ行き、町人たちに言った。私がやってきたことをすべて言い当てた人を見に来い。この人こそキリスト（救世主）かもしれないのでと。それを聞いた人たちは町を出て、イエスの所にやって来るのだった。

その間に、弟子たちがイエスに、師匠、お食べ下さいと食事を出すと、イエスは私はお前たちの知らない食べ物を食べようと思うと言いだすのだった。弟子たちは誰がイエスにそんなものを食べさせるのかと言い合う。イエスは言う。私を使いに出した人の御上意（ゴジョヒ・命令）を聞いてそうするのだと。私の食べ物は人間がつくるのではない。お前たちは言う。刈り入れまでにまだ四か月あると。しかし見よ、目を開けて田地（田畑）を見よ。稲が実っており、刈り込むことができるのではないか。刈り込めば人は労賃を得るし、果物はあらん限りの命を育む。撒く人と刈り取る人がともに喜ぶように（私は父の御上意・命令においてこうしたのだ）と。

この言葉は誠に真実である。他の人が蒔き、他の人が刈り取る。私はお前たちが作らないのに、刈り取りの仕事をさせた。他の人間たちが作ったものを。お前たちがその人々の仕事を必要としているがゆえにそうさせたのだ。これを見て、サマリア人の多くがイエスを信じることになるのだった。先ほどの女が現れて、この方は私のしたことをみな言い当てたので、私は信じると言った。そこで一層サマリア人はイエスに従うことになるのだった。イエスはそこに二日間滞在された。多くの人間はこのイエスの言葉を聞いて信じた。そしてこの人々はこの女に言った。ワシたちは今までは、お前の言葉だけでは信じられなかったけれど、あの方の言葉を聞いて分かった。あの方こそ真実のキリスト（救世主）であって、世界を救う人だと。

二日後、イエスはガリラヤに行かれた。イエスが自分から話された。神のことを前から知っている人（預言者）は、自国では尊敬されることはないだろうと。しかしガリラヤの人々はお節句のお祭りに来た人を歓迎してくれるのだった。前の節句の時エルサレムの城下でイエスが行ったことを見て、弟子になった人たちが出迎えてくれたのだった。

イエスは再びガリラヤ国のカナ村へ、つまり水を葡萄酒に変えた所にやってきた。天下を治める王の侍が、私の息子がカパナウ村で病に伏せていると言う。この人は、イエスがユダヤ国よりガリラヤ国へ到着したと聞きやって来たのだった。私の国にやってきて、死にかけている私の息子を治して欲しいと言う。イエスはその人に言った。お前たちは不思議がなされるのを見ないと信じない。王はイエスに言った。頭人よ、私の息子が死なない前に治して下さいと。イエスは言う。帰りなさい。お前の息子は助かったと。

この王はイエスの言った言葉を信じた。国に帰る途中、迎えに来た下男どもに話をした。お前の息子は助かったと言われたが、治ったのは何時であったかと。下男どもは応える。昨日の四つ時に熱病は治りましたと。やはりそうだったかと父親は納得するのだった。その時イエスは「お前の息子は助かった」と言われた。王はもちろん家族の者まで信じることになった。イエスはユダヤ国からガリラヤ国へ向かう途中で、再び不思議をなしたのだった。

第5章（律法は神の恩恵を受け取る法だったのに、律法は形式的掟となり、人々を奴隷化するものになっているのだった。安息日に働けば律法に違反しているという具合に。神の真実は息子しか知らない。みんなの幸せを願って善い仕事をするのが神の教えだということを。だからそう実践しよう。しかし神の思想に目覚めず、尊敬しなければ、

（神によって裁かれ、極楽には行けないとイエスは告げる）

この後、ユダヤ人のお祭り（節句）のためにイエスはエルサレムの城下へと上って行かれた。エルサレム城下の羊門に近い所に池があった。その名はヘブライ語でベトサダ。その池には五本の柱で組んだ生け簀があった。その中に病人で目の見えない人、足の不自由な人、体の麻痺した人などが、百人もの大勢で、寝ながら水の動くのを待っていた。天の神（天使）は時々生け簀に下っては水を動かしてくれるのだった。人はみな水が動いている時に入る。こうするから、みな一同に治るのだった。なのにそこには三十八年間病気の者がいた。イエスはこの人が長い間寝ているのを知って言った。お前は治りたいかと。病人は応える。頭人よ、水が動いている時にワシを池の中に入れてくれる人がいない。ワシより先に別の人が入ってしまうのでと。イエスはその人に言った。立って、寝道具をまくり担いで行けと。その人はたちまちにして治るのだった。

この人が寝道具を担いで歩いていると、ユダヤ人たちが、この安息日に、寝道具を担ぐのは止めよと言う。その人は応えた。私を治してくれた人が寝道具を担いで行けと言われたと。そこでユダヤ人たちは、どの人がお前に寝道具を担いで行けと言ったのかと問う。彼は治してくれた人はどの人であったかを知らなかった。イエスは群集の中を通って行ってしまったからである。その後、イエスはその人を寺（神殿）で見つけて言った。お前はよくなった。罪をつくってはならない。もう悪くはならないと。この人はあっちへ行って、あのユダヤ人たちに話をする。あのイエスが治してくれたと。それを聞いて、そのユダヤ人たちは、イエスを損ない殺そうと思うのだった。安息日に働かせたからである。イエスはそのユダヤ人たちに言った。今までも私の父は安息日に仕事をしていたし、私も仕事をしてきたと。これを聞いてユダヤ人たちはもっとイエスを殺したく思うのだった。安息日違反をしたばかりでなく、極楽の神を自分の父として語り、自分は極楽の神と同じことをしたと言うので。

そこでイエスはその人たちに応えて言う。私はお前たちに本当のことを言おう。息子は自分で勝手にことばをつくることはしないと。父のしたことを見てこう言うのだと。正しく言えば、父のやられたように息子の私も同じようにするのだと。父は息子をかわいがってくれ、つくったものを息子に見せるというやり方で教えてくれた。しかし、私はこの仕事よりももっと高い仕事をやがて見せるであろう。その時はお前たちは驚くに違いない。父は死んだ人を助け生きていた通りに生き返らすということをされた（復活）。だから息子も同じことをする。人はみな生き返らせて欲しいと思っている。しかし父は人間を成敗せず（裁かず）にそれをする。正しくは、成敗（裁き）を息子にやらせるのだ。みなが息子にお辞儀をする（尊敬する）ようにさせるために。そして父にお辞儀をする（尊敬する）ように。だから息子にお辞儀をしない者は、私を使わした父にお辞儀をしないのと同じになる。私はお前たちに本当のことを言おう。私の言葉を聞き入れる人、つまり私を使いに出した人（父なる神）を信じる人は、命は永遠となり、戒めら（裁か）れることはない。正しく言えば、死んでから永遠の命になるのだ。私はお前たちに本当のことを言っている。善い時が来た。今の間に言っておこう。このままでは、死んだ者は極楽へ導こうとする神の声を聞かないままになってしまうので。聞き入れた人は永遠に生きられるのに。父自身の中に存する命令権を息子にも取らせた。成敗する（裁く）という人間に対する威勢（権威）も取らせた。しかし驚いてはいけない。墓の中にいる人々はみな、息子の声を聞き入れなかった人である。（息子の声を聞いて）善い仕事をした人は掘り出され、永遠の命が与えられる。それに対して（聞かないで）悪い仕事をした人々は、そのまま鬼に戒められる（地獄へオトされる）のであると。

これは私自身が勝手に話しているのではない。私は父から聞いた通りに、正直に戒める（裁く）ために話をしているのだ。私の考察（意志）に基づいてではない。私を使わした人の考察（意志）によっている。

私が自分自身で談義して自証しても、それは真実とは言えない。別の人が私を談義して実証してくれるのでなければ。私はあの人の実証が真実となることを知っている。それはヨハネの実証だ。お前たちはヨハネの下へ使いを出したが、あの人は正しく私を実証してくれた。私は人間によるどんな談義も受け取らない。正しく言えば、お前たちを救うためにそうするのである。このことをはっきり言っておきたい。ヨハネは光り明るく輝く灯である。お前たちもあの人としばしの間、喜びあっていたではないか。

しかし私にはヨハネを越える高い自証がある。父が私に取らせた仕事を私は身につけているので。だから私がやる仕事が私を自証してくれるのである。（みんなが幸せになれる仕事をしているがゆえに）。父は私を使いに出したが、そのことによって、人間は私から父の談義を聞くことができるようになったし、私を通して父を見ることができるようになった。しかし父の言葉はお前たちの中にはまだ届いていない。お前たちは、父が私を使いに出したことを信じていないから。お前たちは経文（聖書）を開ける。お前たちはこの本の中に永遠の命があると思っている。しかしこの本は私の談義（自証）を語るものなのである。なのにお前たちは私の所へは来たがらない。これでは永遠の命を得ようとしない実践となるであろう。

私は人間の辞儀（尊敬）を受け取らない。正しく言えば、私は極楽へ導く神を庇う（大切にする）が、お前たちの中に父がいないことを知っているので。私は父を名のって来ているのに、お前たちは、私を正しく迎えに出て来ないからである。別の人間を名のって来る時には、お前たちは迎えに出て来るのに。そしてお前たちは各々辞儀をし合う。しかしひとりとして極楽へ導く神としての父にお辞儀をしようとはしない。どうしてそんなお前たちを私は信じ得ようか。しかしお前たちは心配するな。私はお前たちのことを父に訴えることをしないから。お前たちを訴えるのはモーゼである。お前たちはモーゼに身を任せているので。しかしモーゼを信じているなら、私のことも信じることができるはずだ。モーゼは私のことを書いているのだから。しかしモーゼの書いた経文（聖書）を信じないのならば、私の言葉も信じられないものとなろう。

第6章（真実の餅は永遠の命の餅。永遠に生きる餅。人はイエスの不思議を見てイエスに近づくも、それは腐る餅を求めてのことだった。つまり自己愛のジコチュウの思想からだった。神に生きるイエスの隣人愛の思想こそ真実の餅なのに。これを求めようとは

しない。イエスは神の思想を模範として実践しているのに。私は父の思想に生きるゆえ私を信じるものは神の思想に生きることになる。しかし私のように生きようと呼びかけるのに、支持されないのだった。逆に弟子の間からイエスを告発する者を生み出すという具合になる）

この後イエスはガリラヤ国のティベリアス湖を渡られた。大勢の群集が後を追った。イエスが病人を治したという不思議を見たからである。イエスは山に登り、弟子たちと一緒に座られた。ユダヤ人たちの祭の過越祭のお節句が近づいていた。イエスは大勢の群集が近寄ってくるのを眺めていた。そこでフィリポに言った。どこで私たちは餅（パン）を買ってきたらよいだろうかと。あの人たちを食べさせるために。イエスは自分でつくってあげるつもりでいたが、フィリポを試すために言ったのだった。フィリポは返答する。各々に少しずつにしても二百両の餅では足らないでしょうと。弟子のシモン・ペトロの兄のアンデレがイエスに言う。ここにいる男の子が、大麦餅（パン）五個と魚二匹を持っているけれど、大勢の人間には足らないでしょうと。あそこに草が沢山生えているとイエスは言った。そして、お前たちは町人に言って座らせなさいと言う。その人々を数えて見たら、五千人であった。イエスは餅を持ち、ありがとうと感謝の祈りを唱えてから、弟子たちに与えられた。そしてまだ欲しいと言う人にはもっと与えた。同じことを魚の時にもなされた。食べ終わった時に、弟子たちに言った。こぼれたものを寄せよ。無駄にしてはいけないと。そこで弟子たちは、大麦餅を食べてこぼしたのを集めたのであるが、十二の籠が一杯になったのだった。人々はイエスがつくり出した不思議を見て言った。あの人は誠にこの世界に来る前から知っている人（預言者）に違いないと。イエスはあの人たちが、自分をつかまえて殿様（王）にしたいと思っていることを知って、再びイエスは一人で山に登られるのだった。

日の暮れ時に弟子たちは湖に行った。そして舟に乗って湖を渡り、カファルナウム村へ行こうとする。暗くなってきたが、イエスはまだ来ていなかった。大風が吹いて湖には穂波が立った。舟は漕ぎ出して二十五里か三十里行った時、あのイエスが湖の上を歩いて近づいて来のを見て、人々は驚いた。イエスは言う。私に驚いてはいけない。そこでその人を舟に乗せる。たちまちにして舟は走り、岸に着く。

明後日（翌日）、群集の人々は湖の向こうで立っていた。別の舟をここで見つけることができなかったので、舟に乗らない弟子がいたのだった。つまりイエスの弟子たちだけが向こう岸に渡ったのだった。別の舟に乗ってティベリアスからやってきた人々もいた。その弟子たちは、頭人（イエス）が感謝を捧げた時に餅（パン）を食べた人だった。着いて見たら、イエスの弟子たちがいないことに気づき、その人たちは再び舟に乗ってイエスを訪ね、カファルナウムにやって来たのだった。イエスが湖の向こうにいるのを見て、師匠（ラビ）、いつここにきたのですかと尋ねた。イエスはその人たちに応えて言う。私はお前たちに本当のことを言おう。お前たちは私が不思議なことをしたがゆえに訪ね、また夕刻に餅（パン）を食べ腹がふくれたがゆえに訪ねてきたと思うが、夕べの朽ちた食べ物だけを訪ねていてはいけないと。それを残しておいて、命のあらん限りの命（永遠の命）の食べ物を尋ねよ。人間の息子（イエス）がお前たちのためにやった中味を尋ねよと。父は極楽へ導く神として、息子（イエス）に判を押し、模範を示させているのだからと。そこでその人たちは問う。ワシたちは極楽の仕事をするために何をしたらいいのかと。イエスは応えて言う。極楽の仕事とは、お前たちにおいては使いにやられた人（イエス）を信じることだと。その人たちは言う。あなたはどんな不思議をやるのか。それを見てワシらは信じることにすると。あなたはどんな仕事をするのかと。ワシらの先祖は荒れ地でマンマ（ご飯）を食べてきたと本には書いてある。モーゼが与える天からの餅を食べてと。イエスはその人たちに言う。私はお前たちに本当のことを言おう。モーゼがお前たちに、天からの餅（パン）を下されたのではない。正しくは私の父がお前たちに餅（パン）を下されたのだと。極楽の神の餅（パン）は天からあま下ったものであって、世界の人間に命を与えるためにそうしたのだと。

そこで、あの人たちは言う。頭人よ、ワシたちにいつでもこの餅（パン）を与えよと。イエスはその人たちに言う。私たちの命の餅は、私の所へ来た人のものであって、そのことによって、私を信じる人は腹も減らないし、口も渇かなくなるのだ。しかしお前たちは私を見ても信じない。父が私に下されたものは、私についてくる者のためのものであって、私次第でやるということはできない。私が天からあま下ったのは、父が私を使いに出したからで、父の考察（意図）を私に言わせるためのもので、私の考察が最初のものではない。父の考察（意図）は、みなをして、息子の私がやるのを見て、信じさせることである。そしてあらん限りの命（永遠の命）として、私が、死後に人を生き返らせるのを信じさせることにあるのだと。（復活）。

そこでユダヤ人たちはつぶやきつつ、ワシらのために天からあま下ってきたことについて質問するのだった。お前はヨセフの息子のイエスではないのかと。ワシたちはお前の父と母を知っている。なのに意外なことを言う。ワシたちのために天からあま下ったなどと。イエスは返答してその人たちに言う。つぶやくのはやめよ。それでは人間は私の所へはついて来れない。私を使いに出した父が人間を引き寄せるのでなければ。そうでなければ、私は死後に人間を生き返らせることなどできないと。前から知っている本の中には書いてあるだろう。人間はみな、極楽に導く神から習うのだと。人間はみな、父の言うことを聞いて習うのだと。習ったら私の所へ来い。人間は天の父を見たことがないけれど、私は極楽で父とともにいた。それゆえ、私はお前たちに本当のことを言う。私を信じる人は、あらん限りの命（永遠の命）を得るだろう。お前たちの野の餅（パン）は、つまりお前たちの先祖が荒れ地で食べた餅は、死に至る餅だった。私の天からあま下る餅は死なない餅なのだ。この餅を食べて永遠に生きよう。私が与える餅は私の肉であって、世界の命となるために取らせるのであると。

これを聞いて、ユダヤ人たちは争って言い合う。一体、あの人はワシたちに、どうやって自分の肉を取らせると言うのかと。イエスはその人たちに言う。私はお前たちに本当のことを言おう。お前たちは、人間となった息子の肉を食べず、血を飲まないならば、それゆえ永遠の命はお前たちの中には存在しないことになる。私の肉を食べた人、血を飲んだ人のみがあらん限りの命（永遠の命）を得ることになるのだ。私が死後にその人間を生き返らせるので（復活させるので）。私の肉は真実の食べ物であり、私の血は真実の飲み物である。私の肉を食べた人、私の血を飲んだ人は私の中にいることになり、逆に言えば私がその人の中にいることになる。私を使いに出した父は生きており、私は父の言う通りに生きている。そして私を食べた人も私において生きることになる。こういうことだから、天からあま下った餅は、お前たちの先祖が食べて死んだ餅ではない。この餅を食べた人はあらん限りの命（永遠の命）を生きることになるのだ。これは、イエスがカファルナウムの手習いの場で教えていた時に発したことばである。

このことばを聞いて、多くの弟子たちは言った。このことばは難しい。だれが聞き分けることができるのかと。イエスは腹の中で、弟子たちがここで躓いているのを聞いて言った。お前たちはそのことで腹を立てているのかと。お前たちは人間の息子がこれから天に昇るのを見るであろうが、それゆえ私はお前たちに、親愛の血を取らせ、肉を使わし、そして真実の命を語るのだ。しかしお前たちは信じようとしない。その信じない人を、イエスは最初から知っているのでもあった。自分中心にしか考えない人のいることを。そこでイエスは言う。私はお前たちに言う。父（神）が命令を下さらなければ、私の所へはついて来れないのだと。このことばを聞いて弟子たちはうしろに行き、イエスとともに歩むのをやめるのだった。

イエスは十二人の弟子たちに聞いた。お前たちもあっちに行きたいかと。シモン・ペトロが答えた。頭人、あなたはあらん限りの命（永遠の命）のことばを持っています。他の人の下へ行こうとは思いません。私たちはあなたを信じています。あなたはキリスト（救世主）として生きておられると。極楽の神の使いであり息子のイエスは、その弟子たちに言われた。私がお前たち十二人を選び出したが、しかしこのうちの一人は鬼で、その人の名はイスカリオテのシモンの子のユダであると。彼はイエスを告発しようとしているのだった。イエスは指をさして言われた。

第7章（イエスは人間のジコチュウからする悪い仕事を露わにするがゆえに、ユダヤ人たちから殺そうと思われるようになるのだった。極楽に導こうとする神の教えに則れば当然のことをしただけなのに。そこでイエスは言う。殺そうというが、その裁きはモーゼの法度に基づいて、正しく運用されなければならないと。それゆえファリサイ派の頭人たちはイエスを逮捕しようとするも、イエスを信じる人たちがふえ、理不尽な逮捕はできなくなるのだった）

この後、イエスはガリラヤを行脚していた。ユダヤ人たちがイエスを殺そうと狙っていたので、ユダヤには行かなかった。ユダヤ人たちのお節句（仮庵祭）が近づいていた。兄弟

（仲間）たちが言う。あっちへ行って、あなたの弟子たちに、あなたのやっている仕事を見せてやってはどうかと。あなたのような仕事をしながら、隠れてやっている人はいない。明らかにすべきですと。あなたがこの業を見せる時、自分自身を人間ども（世界）に示してやりなさい。兄弟たちも心からはまだ信じていないのだからと。イエスは兄弟たちに言った。私の時はまだ来ていない。しかしお前たちとの時は来ている。世界の人間たちはお前たちを嫌ってはいない。私は人間の悪い仕事を露わにするがゆえに、私は嫌われている。お前たちはお節句に参加しなさい。私の時はまだ満ちてはいない。だから私はお節句には参加しない。こう言って、イエスはガリラヤに留まるのだった。

しかし兄弟が登っていってから、イエスは公然とでなく、人目を避けてお節句の所へ登っていった。その時ユダヤ人たちは人に尋ねて言うのだった。あの人（イエス）はどこにいるのかと。群集の間ではイエスのことが多く語られているのだった。ある人は善いことを言うと言い、ある人は群集をだますと言ったりしながら。しかし人々はユダヤ人たちを恐れていたので、イエスを公然と語る者はいなかった。イエスはお節句の寺（神殿）に入って行き、教え始めるのだった。ユダヤ人たちは驚いて言った。あの人は、習っていないのにどうして経文（聖書）を知っているのかと。イエスは答えた。私が教えていることは私のものではない。私を使いにだした人（神）のことば（教え）である。人間が私を考察（判断）したいならば、教えてあげよう。極楽へ導こうとする神のことばとして語っているのか、私自身が勝手に言ったことばかについて。自身からものを言う人は自身の時宜（ジギ・都合）で言うが、人を使いに出した人の字義（ジギ）で言う人は、誠にその人の中にフザケ（不義）はないのである。モーゼはお前たちに言った。法度としてこう言った。しかしお前たち人間は守っていない。そして私を殺したいと思っていると。群集の人々は応えた。お前はアニヲ（悪霊）にとりつかれている。だれがお前を殺したいと思っているのかと。イエスはその人たちに応えて言う。お前たちは怒っている。私が一つの仕事をしたことに対して。しかしモーゼもお前たちに、陰茎の皮を切る礼義（割礼）を命じたではないか。この割礼はモーゼからきたのではなく、先祖からきたものであるけれども。正しくはお前たち人間がモンピ（安息日）にも割礼を欲したからである。だからこの人間の要求はモーゼの法度に背いてはいない。それゆえ私が安息日にみなの身体を治したからと言って腹を立てるのは間違いである。それで裁こうと言うのは勝手な見解である。正しく裁くのでなければならないと。

さて、エルサレムの城下の人間の中では、次のように言われているのだった。人々が殺そうと思っているのはあの人か。しかしあの人は公然とものを言っているのに、禁制（禁止）

する人はいない。頭の人々は彼を誠のキリスト（救世主）と思っているのだろうか。ワシたちは彼（イエス）がどこから来たか（ヨセフの息子であること）を知っている。正しく言えば、キリスト（救世主）がどこからくるのか、人間には分からないだけなのだと。しかしイエスは寺（神殿）で教えていてそれを聞いて、大声で言うのだった。お前たちは私を知っている。どこからきたかも知っている。しかし私は自分からきたのではない。だからお前たちがその人を知らないだけなのだと。つまり別の誠の人が私を使いに出したその人を知らないだけなのだと。しかし私はその人を知っている。その人の下から来たのだから。その人こそが、私を使いに出したのであると。しかしこう言っても、あの人たちはイエスを捕まえたく思うのだった。しかしイエスの時が来ていないがゆえに、イエスを捕える人はいなかった。そして群集の中にはイエスを信じる者が多くおり、その人たちは言うのだった。キリスト（救世主）が本当に現れたとして、あの人ほどに不思議なことをやれる人はいるだろうかと。

ファリサイ派の人々は、イエスについて群集がこうつぶやくのを聞いて、祭司長や公家の頭人たちは、捕り手の役人をイエスを捕まえに出すのだった。それを知ってイエスは言う。今しばらくお前たちとともにいるが、しかしやがて私は私を使いに出した人（神）の所へ帰ることになる。そうすると、お前たちが私を訪ねてきても見つけることはできなくなってしまう。私が行く所へはお前たちはついては来れないからと。そこでユダヤ人たちは考えるのだった。あの人はどこへ行くのか。ワシたちが見つけることのできない所とは。ギリシャ人たちを訪ねて、彼らを教えるつもりなのかと。ともあれ「私を訪ねて来ても見つけることができない。私が行く所へはお前たちはついて来れない」と彼が言うことばは、どのようなものなのかと。

お節句の最後の日に、イエスは立って大声で言った。渇いている人は私の所へ飲みに来いと。経文の本（聖書）に書いてある通りに、私を信じている人の腹には命の水が湧いて出るからと。イエスが神になった時に、イエスを信じる人々が受ける幸せを語るのだった。この言はイエスがまだ時機（ジキ）に至ってない時の言である。

このことばを聞いて、群集の人々は言い合う。ある人は、誠にイエスは前から知っている人（預言者）だと。ある人はキリスト（救世主）だと。しかし他の人たちは言う。キリスト（救世主）はガリラヤからは来ない。経文（聖書）の中には、キリストはダビデの子孫でベツレヘムより、つまりダビデのいた村から来ると書いてあるのでと。群集の人々は、再びイエスのことで争うのだった。そしてその中には、イエスを捕まえたいと思う人間もいたが、捕える人はいなかった。

さて、捕り手の役人や公家の頭人がファリサイ派の人々の所へ戻ってきた時に、その人々は言った。なぜお前たちはイエスを連れて来なかったのかと。捕り手の役人は答える。人間であの人のように答えた人はいないのでと。ファリサイ派の人々はその捕り手の役人たちに言った。お前たちもだまされたのかと。頭人の人々やファリサイ派の人間で、イエスを信じた者がいたかと言って。法度を知らないがゆえに、お前たちは混乱していると言うのだった。以前に、夜イエスの下へ訪ねてきた人で、名前をニコデモという人が言った。ワシらの法度は、人を戒めるためにはよく聞いて戒めるのでなければならないとあると。頭人やファリサイ派の人々は言う。お前はガリラヤ出身なのか。お前はよく考えよ。前から知っている人（預言者）はガリラヤ国からは来ないとあるのをと。（一段落したので）人々は各々家に帰ることになった。

第8章（ユダヤ人の支配者たちの中にイエスを信じる者が出て来るが、それは自分にとって都合のよい所をとって信じるだけで、本当は信じていないのであった。アブラハムの子孫として誇りをもつ人たちも真実の神の教え（隣人愛）に目覚めようとはしない。自己愛のジコチュウ的理解をして。アブラハムは神の弟子であったのに、神と対立さ

せてしまって。これでは誠の道は育たない。もちろん彼らもイエスを殺そうと思っている）

イエスはオリーブ山へ行った。そして朝には再び寺（神殿）に戻る。使いに出された人（イエス）の下へ人々はやって来る。そこでイエスは腰掛けに座って教えを始められるのだった。そこへ学者（律法学者）やファリサイ派の人々がやってきて、間男と密通する女を捕まえその女を中に入れて、言った。あの女が間男と密通したので捕まえた。モーゼの法度では、かような女には石を投げて殺せと書いてある。お前はどう思うのかと。その人たちはイエスを試そうとして言うのだった。イエスを訴えるために。イエスは俯いて指で地面に字を書いていた。そこであの人たちはどうなんだと言い立てる。イエスは顔をあげ、あの人たちに言った。お前たちの中で罪を犯さなかった人が一番先に投げよと。こう言って再び俯いて地面に字を書き出すのだった。その人たちはそれを聞いて、腹の中で悟り、一人ずつ順々に、年寄りから始まって、あい寄り添って出て行った。ひとりイエスと真ん中にいた女が残った。イエスは顔をあげ女に寄って言った。女よ、お前を訴えた人々はどこにおるかと。お前を戒める人はもういない。女は言う。頭人よ、あなたは人間を超えていると。イエスは言った。私はお前を戒めない（罰しない）。行け。二度と罪をつくるなよと。

イエスは再び学びに来た人たちに言った。私は世界の光である。私についてくる人のものなのだ。暗いところを歩かなくてすむように。正しく言えば、お前たちが光を持つに至るのが大切ということなのだと。ファリサイ派の人はイエスに言う。お前は自分で談義している。だからお前の談義は真実ではないと。イエスは答えて言う。私が自分自身で談義を語れども、私の談義は真実である。私はどこから来てどこへ行くかを知っているからであると。お前たちは肉の世界で裁くが、私は人間世界では裁かない。しかし私が裁くのは真実である。私は私を使いに出した父とともにいるから。お前たちの法度（律法）に書いてあるように、二人が現わすことが真実なのだ。私が自分自身で談義していても、私を使いに出した父が私を通して談義しているのであるからと。そこであの人たちはイエスに言う。どこにお前の父はいるのかと。イエスは答える。お前たちが、私と私の父を知らないのならそれでい い。しかしお前たちが私を知っているのなら、私の父を知っているはずであると。イエスはこのことばを、寺（神殿）の銭倉（宝物殿）の近くで言ったが、だれもイエスを捕えることはできなかった。時はまだ来ていなかったからである。

再びイエスはあの人たちに言った。私が去って行った時、お前たちは私を訪ねるだろうが、お前たちがお前たちのつくった罪の中で死んだなら、お前たちは私が行くところについては来れないと。ユダヤ人たちは言う。イエスは私が行くところにお前たちはついて来れないと言うが、イエスは自殺でもするつもりなのかと。イエスはその人たちに言う。お前たちは下界に住んでいるが、私は上界に住んでいる。お前たちはこの世に住んでいるが、私はこの世には住んでいない。お前たちに言ったはずだ。私はお前たちの罪の中で死ぬことはないと。つまりお前たちが私を信じないならば、私はお前たちにおける罪では死なないと。その人たちはイエスに言う。お前はだれだと。イエスはその人たちに言う。私ははじめに言ったはずだ。私はお前たちを戒めるために多くを語ってきたと。正しく言えば、私を使いに出した人の言は真実であって、私はその人が言ったことばをお前たちに伝えてきたのだと。その人たちは、イエスがなぜそう言うかについては分からなかった。そこでイエスはこの人たちに更に言う。お前たちは人間の息子として私が挙げられたことを見ずして、お前たちは私たちに対して、自分で事をしようとしている。正しく言えば、父は私に様々に教えてくれたが、そのこと言っているにもかかわらず、(私を無視している)。私を使いに出した人と私は一緒にいる。父は私をひとりにして残してはおかない。それゆえ私はいつでも人間が喜ぶことをすることができるのだと。このように言った時、多くの人々はイエスを信じることになるのだった。

＊ここに出て来る「罪」とは、自分だけをかわいがる自己愛のジコチュウのことである。
第15章及び第20章参照。

イエスは自分を信じたそのユダヤ人たちに言う。お前たちが私のことばを信じ、そのことばのうちにいる時は、お前たちは私の真実の弟子である。お前たちは本当のことを知っているので。この本当のことがお前たちを許してくれるのであると。しかしその人たちは答えて言うのだった。ワシらはアブラハムの跡継ぎ（子孫）で、まだ人間としてタトヌス（罪を犯したことはない）と。意外にもあなたは、お前たちは許されると言われる。イエスはその人たちに返答して答える。私はお前たちに本当のことを言おう。どんな人も罪を犯せば、罪の年季物（罪人）になる。しかし父の子の私はいつでもおる。それゆえ父の息子がお前たちを許すなら、お前たちは真実に許されるのだと。お前たちがアブラハムの子孫であることは分かった。しかし私のことばはお前たちの中には正しく入っていない。そのためにお前たちは私を殺したいと思うのだと。私は父の下で見たことを話しているのに、お前たちは自分の父（先祖）の話をしていると。

その人たちは返答して言う。ワシたちの先祖はアブラハムだと。イエスは言う。アブラハムの子孫ならば、アブラハムのように仕事をせよ。今私は父のいる極楽から来たと言っているのに、お前たちは私を殺そうと思っている。アブラハムはこんなことをしようと思うはずがない。お前たちは勝手に父の仕事をつくりだし、私を殺そうとしているのだと。彼らはイエスに言う。ワシたちは変質者（姦淫）から生まれた子どもではない。ワシたちの父は極楽にいるただひとりの人だと。そこでイエスは言った。そうであるなら、極楽の父が私をかわいがってくれていたことをお前たちは知っているはずだ。そして私が極楽から下ってきたのは、私自身の判断でなく、父の使いとして派遣されたことも。なのにお前たちは、私が言っていることが分からないと言う。お前たちは私のことばは聞けないと言う。つまりお前たちの父は鬼（悪魔）になっている。お前たちの父は欲の塊となり、初めから私を殺しにきている。それゆえ誠の道は定まらず、したがって人間の中には誠は育たないのである。嘘は自分自身から出て来た嘘として語られ、嘘の父が出てきている。それゆえ私が真実を言うので私を信じることができなくなるのである。お前たちのうちでだれが私を罪に落とせると言うのか。私は真実を言っているのに、なぜ私を信じないのか。極楽から来た人は極楽のことばが聞けるはずだ。だからお前たちは極楽から来たのではない。極楽のことばが分からないのだからと。

ユダヤ人たちは答えた。ワシたちに意見をするのか。お前らサマリア人の腹には鬼（悪魔）がおり、ワシらが言っているのが正しいのだと。イエスは答える。私の腹には鬼はいない。私はただ父にお辞儀をする（尊敬する）のみだ。お前たちは私を辱めようとしているが、私自身は自分の辞儀（名誉）を問題にしていない。しかし別の人が裁くことになろう。私はお前たちに本当のことを言おう。私の言うことばを守る人は死ぬことはないと。ユダヤ人たちは言った。仕方がない（どうしようもない奴だ）。今ワシたちはお前の腹に鬼がいることを知った。アブラハムを前から知っている人々はみな死んでいるのに、なのにお前は語る。私のことばを守る人は死ぬことはないと。お前はワシたちの先祖のアブラハムより偉大なのか。人は死んだ。預言者たちも死んだ。お前は自分で何をしようと言うのかと。イエスは応えた。私に対する辞儀ならご無用だ。しかし父はお前たちを極楽に導こうとするので、ともに歩もうとする者は私に辞儀をせよ。お前たちは父を知らない。私は父を知っている。もし知らないことを言ったならば私はお前たちと同じ嘘をついたことになる。しかし私は父を知っている。だからその人のことばを守るのだ。お前たちの先祖のアブラハムは、私が日の目を見る（登場する）前に死んだが、見たら喜ぶはずだ。ユダヤ人たちはイエスに言った。お前はまだ五十歳になっていない。なのにアブラハムを見たと言うのかと。イエスは答えた。私はお前たちに本当に真実のことを言おう。私は神の子としてアブラハムの先にいたのだと。それを聞いてその人たちは、石をもってイエスに投げつけるに至るのだった。そのため、イエスはその人たちに隠れて、寺（神殿）を出ていくことにするのだった。

第9章（ユダヤ人の間ではイエスに対する評価が分かれてくる。ファリサイ派は律法を破るゆえ罪人と言うも（特に安息日に働かせたとして）、庶民は、人々の幸せのために不思議を起こすゆえ神の息子と思う。神の力なくしては不思議は起こせないから。目の不自由だった人はそれを治してくれたイエスを如来と認め、信じるに至る。人々の幸せのために働くイエスを如来と認めるのだった）

イエスは通りすがりに、生まれつき目の不自由な人に出会った。弟子たちはイエスに問いて言う。あの人が目が不自由で生まれたのは、自身の罪によるのか親の罪によるのかと。イエスは答える。その人や親が罪をつくったからではない。正しく言えば、神の仕事がああいう形であの人に現れただけなのだと。私は昼の間に、私を使いに出した人の仕事として、私は光をつくらねばならない。夜時になったら、その人に光をつくってあげることはできなくなるので。この世にいる間は私が世界の光をつくる。こう言って、イエスは地面に唾をはき、その唾で土をこねて、それを目の不自由な人の目に塗りつけて、その人に言った。あそこのシロアムの池に行って洗えと。その人は行って眼を洗う。そして、目が見えるようになって戻って来るのだった。周りの人たちはその人を見て言った。この人は腰掛けて物乞いをしていた人だろうかと。別の人々が言う。あの人自身だと。他の人は似ているだけで違っていると言う。その人はあの人は私だと言う。そこでその人たちはあの人に言うのだった。どのようにしてお前の目を開けてくれたのかと。あの人は答えて言う。その人の名はイエス。土をこねて目に塗りつけてくれ、ワシにシロアムの池に行って洗えと言った。ワシはその池に行って眼を洗った時から見えるようになったと。その人たちはあの人に聞く。その人はどこにいるのかと。あの人は知らないと答える。

その人たちは以前目が不自由であった人をファリサイ派の人々の所へ連れて行く。イエスが土をこねて、盲人の目をみえるようにしたのは安息日であった。ファリサイ派の人々もどうして再び目が見えるようになったのかと尋ねる。あの人は答えた。その人が土をワシの目に塗りつけたのを、ワシが洗ってから見えるようになったと。ファリサイ派の人々はその人に言うのだった。その人は安息日を守らないから、神の下から来たのではないと。しかし他の人々は言う。罪ある人間がどうしてこのような不思議なことをすることができるのだろうかと。そこでまた争いが始まるのだった。そこで再び目の不自由であった人に尋ねる。その人はお前の目を開けたが、その人と何を話したのかと。その人は前のこと（前世）を知っている人（預言者）と思うと言うのだった。

ユダヤ人たちは信じられなかったので、今度は目の不自由な人の親を呼び出して問うのだった。あの人は前は目が不自由であったのに今は見える。それで問うのだと親に問う。お前たちは、あの人間は目が不自由に生まれたと言った。なのになぜお前の息子は目が見えるのかと。親はその人たちに応える。あの人はワシたちの息子で、目が不自由に生まれたことは知っているが、どうして今見えるかについては分からないと。それにだれがその人の目を開けてくれたのかも知らないと。息子は大人である。息子に聞いてほしい。自分で答えるであろうからと。ユダヤ人たちが、イエスをキリスト（救世主）と談義する者を見つけたら、追放すると言っているのを恐れて、親はこう言うのであった。

ユダヤ人たちはまた目の不自由な人を呼び出して言うのだった。お前は極楽の神（イエス）にお辞儀（感謝）をするが、その人は罪人である。ワシたちは知っていると。しかし目の不自由だった人は応える。その人が罪人であったかどうかについては、ワシは知らない。しかしワシは一つだけ知っている。ワシは前には目は見えなかったけれど、今は見えるようになったということを。ユダヤ人たちはまたまた言うのであった。その人はお前に何をしたのか。どのようにしてお前の目を開けたのかと。あの人は応える。ワシはすでに言った。お前たちは聞かなかったのか。なぜ再び聞きたいのか。お前たちもその人の弟子になりたいのかと。ユダヤ人たちは、あの人を叱りつけて言った。お前はその者の弟子だが、ワシたちはモーゼの弟子だ。極楽の神がモーゼに語られたことをワシたちは知っているが、その者がどこからきたかについては知らない。あの人は返答してユダヤ人たちに応えた。その人はワシの目を開けてくれたと。どこからその人が来たかはお前たちは知らないと言ったが、本当だったのだ。極楽の神は罪人の言うことを聞かないということは。ワシは知っている。正しくいえば、人間が神に対して自分を粉（コナ）にして、神の考察（意見）をつくるなら、神はその人の言うことは聞いてくれるということを。目が不自由に生まれた人の目を開けてくれたという話は、今までに聞いたことはない。その人が神のいる極楽から来たのでなければ、その人は何もできなかったはずだと。これを聞いてユダヤ人たちは言った。お前は多くの罪の中に生まれながら、お前はワシたちに説教をするのか。仕方がない（どうしようもない奴だ）、お前は追放だと言って追放してしまうのだった。

イエスはユダヤ人たちが、あの目の不自由だった人を追放してしまったのを聞き、行き会ってあの人に言った。お前は極楽の神の息子を信じるかと。あの人はイエスに応えて言う。頭人、だれが如来（ニヨヲラ）ですか。ワシはその人を信じますと。イエスはあの人に言う。お前はその人を見ている。お前にものを言っているその人がそうだと。あの人は応える。頭人、ワシは信じますと。そしてイエスを拝むのだった。イエスは言う。私はこの世界を戒めるために来たのだ。よって見える人々が見えなくなり、見える人々の目は不自由になっていくと。

ともにいたファリサイ派の人々は、このことを聞いて言った。ワシたちも目が不自由になると言うのかと。イエスはその人たちに応える。お前たちの目が不自由であれば、罪はない。今お前たちは言った。ワシたちは目が見えるがゆえに罪を落着させることになるのかと。（その通りであると）

第10章（しかしイエスを信じる人であっても、神の息子と言うイエスの主張は信じられないと言う。そこでイエスは言う。私の仕事が信じられるなら、そこからはじめようと。私の仕事は神から出たものであるので、やがて私が神の息子であることも信じられるようになろうから。こう言っても自分を神の息子と自称するのは許せないという意見に固執する人がいる一方、神の知恵において実践するイエスを信じる人は確実に増え

てくるのだった）

私はお前たちに、真実を言おう。門より尨羊の部屋へ入らぬ人、つまり別の所から入り込む人、その人たちは盗人であり、追剥ぎである。門より入る人は尨羊の守人（羊飼い）である。門番の人は開けてくれる。尨羊は人の声を聞きわけるので、自分の尨羊の名を呼んで羊飼いは外へと連れ出すのである。そして前を行く。尨羊は羊飼いについていてくる。その人の声を知っているがゆえに。だからその羊たちは旅の者（他人）にはついていかない。正しく言えば、その人を恐れて逃げてゆく。旅の者の声を知らないからである。イエスはこのようにたとえて言っても、ファリサイ派の人々は理解してくれないのだった。

イエスはまたその人たちに言う。私はお前たちに本当のことを言おう。私たちに尨羊のための戸を立てさせよ。私の前に来た人々は盗人や追剥ぎたちである。尨羊たちがそういう人の言うことを聞かないようにするために。私たちに戸を立てさせよ。そして私より入る人を私は救いたいのだ。あの人たちは入りも出もできなくなろう。それゆえ食べ物を見つけることはできない。盗人が来る時は盗みのためであり、殺すためであり、滅ぼすためである。正しく言えば、その人たちはダイマイ（大望）のためにそうするのである。私は命を取らせないために来たのだ。私は善い守人である。尨羊のために命を張る。自分の羊を持たない雇い人は、狼を見たら羊を放りだして逃げる。そこで狼は羊を食いちぎって散らかす。雇い人は心（チン）を欠くゆえ逃げるのである。尨羊を包もう（守ろう）とはしない。私は善い羊の守人である。私は自分の尨羊を知っている。あの人（羊）たちも私のことを知っている。父が私にしてくれた通りに、私は同じことをする。尨羊のために私は命を張る。そして私にはこの囲いに入っていない尨羊もいる。私がしっかりとその人（羊）も連れて行く。私の声を聞き、人は集まって来る。そして私は唯一の守人になるのだ。それゆえ私の父は私を大切にしてくれるのである。やがて私の命は果てるけれど、私は再びそれによって命を受け取ることになる。それゆえ私の命を取る人間などいない。正しく言えば、自分自身から命を果てるのである。私が果てるのでイセイ（一つの生）は終わり、そして再び受け取るのでイセイ（一つの生）が始まるのである。私はこの仰せ付け（命令）を父から受け取っている。

イエスのこのことばを聞いて、ユダヤ人たちは再び論争を始めるのだった。ユダヤ人の多くは、あの人の中には、鬼と気違いが混ぜ合わさっている。なぜお前たちはあの人の話を聞くのかと言う。他の人間はこう言う。あの人の言は、腹に鬼のいる人の言ではない。鬼に目の不自由な人の目が開けられるのかと。

時は冬だった。新しいお節句の祝いが行われていた。イエスはエルサレムの城下にいた。

イエスがソロモンの神殿の濡れ縁（テラス）を歩いていた時、ユダヤ人がイエスを取り囲んで言った。お前は幾月ワシたちを疑わせるのか。お前がキリスト（救世主）ならば、ワシたちにはっきりとそう言えと。イエスは答えた。私が願っていることを言ったのに、お前たちは信じない。父の名において行なった仕事が私を実証しているのに。したがって私が言ったように、お前たちは私の尨羊でないから信じられないのだ。私の尨羊は私の声を聞き取るし、私もあの人（羊）たちを知っている。だからあの人たちは私について来るのだ。私はあの人たちにあらん限りの命（永遠の命）を与える。あの人たちに永遠に腐らない（不滅の）命を。その命を私の手から奪い取ることは人間にはできない。私にはあの人たちを任せた偉大な父がいるからである。父と私は一つなのであると。

　ユダヤ人たちは再び石を拾ってイエスに投げつけようとする。イエスはそこでその人たちに言う。私はお前たちに沢山の父の善い仕事を見せてきた。どの仕事のゆえに、お前たちは私に石を投げつけたいと思うのかと。ユダヤ人たちは応える。ワシたちは善い仕事をしたがゆえにお前に石を投げるのではない。罰当たりをしたがゆえに石を投げるのだ。お前は人間なのに、自分を勝手に極楽の神と言うからと。イエスは応える。お前たちの法度（律法）の中に書いてあるだろう。私がお前たちを神様に導くと書いてある経文のことが。それははねのけられないであろう。そして極楽の神の話をする人々は神様と名づけられるということばも。私が極楽の神の息子と名のったがゆえに、お前たちは私を罰当たりと言うが、しかし父は私のこの呼称を願っているのだ。人間の世界へ使いに出した人という意味で。だから私が父の仕事をつくるのではない。しかしそれでも私がつくったと言うならお前たちは私を信じなくてよい。しかし仕事は信じよ。これを信じることができれば、父が私の中に、私が父の中にいることは信じられるようになるであろうからと。しかしユダヤ人たちは再びイエスを捕まえたく思うのだった。イエスは彼らの手にかかるのを逃れる。

イエスは、ヨハネが先に彼に垢離（洗礼）をとらせた所へ、つまりヨルダン川の川向こうの所へやってきた。多くの弟子がついてきていた。弟子たちがイエスの所へ来て言う。ヨハネは不思議なことをしなかったけれど、ヨハネがあなたについて言ったことは本当ですねと。こう言って多くの弟子はイエスを信じるのだった。

第11章（イエスの弟子のラザロが死んだ時、ユダヤ人たちに、イエスは神の位のラザロが永遠の命を得て復活する儀式を見せるのだった。だれもが死ぬ命を助けてくれると思っていただけだったのに。復活の真相を知り、イエスはますます信じられるようにな

る。しかしこれを見てファリサイ派などの社会の支配層は、ローマ人の怒りを買うのを恐れて、イエスには町人（国民）のために死んでもらおうという計画を立てるに至るのだった。しかしこれはひどい。もう無茶苦茶）

ベタニアの人で、マリアとマルタの二姉妹の住む村に病人がいた。名前はラザロ。マリアは頭人（イエス）に香油（バイカ）を塗り、足を髪の毛で拭った人である。兄弟のラザロが病気であったために、妹たちはイエスの下へ使いを出して言った。頭人、あなたがかわいがってきた人が病気ですと。イエスはそれを聞いて言った。この病気では死なない。永遠に生きることになるので死なないと。正しく言えば、極楽の神の位にあるゆえに、つまり神の息子としての位を手にしていることによって死ななくなっているのだと。イエスはマルタとその妹をラザロとともにかわいがってきたのに、ラザロが病気と聞いてイエスは、そのままここに二日間滞在することにしたのだった。そして、その後で弟子たちに言うのだった。私たちは再びユダヤの国に行こうと。弟子たちはイエスに言った。師匠、今もユダヤ人たちはあなたに石を投げようと思っている。あなたは再びそこへ行こうと言うのかと。イエスは言った。一日には十二の時がある。昼時に歩む人は、世界の光を見ているのでつまずくことはない。夜時に歩む人の中には、光はないのでつまずくことはあるだろうけれど。こう言ってから、弟子たちに更に話をされた。ユダヤの国には私たちの友人ラザロが寝ている。私はその人を起こしに行くと。そして更にその弟子たちに言うのだった。ラザロは寝ているままだと救われないと。つまりイエスはラザロが死んだと言ったのに、弟子たちは人が寝るとは眠っていることだと思うのだった。そこでイエスは弟子たちにはっきりと言う。ラザロは死んだと。私がそこにいなかった理由は、これを、お前たちが私を信じることによって喜びとなる機会にするためであると。私たちはその人の下へ行こう。すると、双子と呼ばれたトマスが、別の弟子たちに言った。ワシたちも行ってともに死のうと。

イエスが到着した時には、ラザロは墓の中に四日の間いたことになる。ベタニア村はエルサレムの城下に近く、十五里ほどの所にあった。マルタとマリアの所には兄ゆえに多くのユダヤ人が悔やみに来ていた。マルタはイエスが来たと聞いて、イエスに会いに行く。しかしマリアは家に留まった。マルタはイエスに言う。頭人、あなたがここにいたならば、兄は死なずにすんだものを。ワシは知っている。あなたが極楽の神に頼めば断わられないことを。イエスはマルタに言った。兄は生き返らないと。マルタは言う。ワシは知っている。人は死後に生き返るということを。イエスは彼女に言う。私たちが命を生き返らせる人は私を信じている人だけで、死ねばだれでも生き返るというわけではない。みな生きている人は私を信じた人で、その限りで、永遠に生きて死なないのである。お前はこのことを信じるかと。女（マルタ）はイエスに答えて、頭人、ハイと言う。ワシが信じたあなたこそキリスト（救世主）ですと。極楽の神の息子でこの世にやって来た人なのですと。

こう言うや否や、妹のマリアを呼びに行って、内緒で次のように言う。頭人が到着したと。お前を呼んでいると。女（マリア）はそれを聞いて、急いで立ちイエスの所へ行く。イエスはマルタと会った所にまだいた。村には入っていなかった。女たち（マルタとマリア）の家にユダヤ人たちは悔やみに来ていて、マリアがすぐに立って外へいくのを見て、ついてきて言うのだった。女（マリア）は墓へ泣きに行ったと。マリアはイエスの所へ到着して、イエスを見てから、俯いて言った。頭人、ここにもう少し早く来てくださっていたら、兄は死なずにすんだのにと。イエスはマリアが泣き、彼女とともに来たユダヤ人が泣くのを見て、腹の中より怒りを覚えて言うのだった。どこへあの人を埋めたのかと。その人たちはイエスに言った。頭人、見に行ってくださいと。イエスは泣いた。それを見てユダヤ人たちは言う。見よ、あの人がどれだけラザロをかわいがっておられたことかと。しかし別の人は言うのだった。目の不自由な人の目は開けられたが、どのようにしてもその人が死ななくてすむようにさせることはできなかったのだなと。

イエスは再び腹の中より怒りを覚えつつ墓にやって来た。そしてこの墓穴は石で蓋をされていた。イエスはこの石を取れと言いつける。死んだ人の妹のマルタはイエスに言う。頭人、三日も過ぎているので人は臭くなっていると。イエスは女（マルタ）に言った。お前には話してあることだが、お前が信じている極楽の神の位の力については、まだ見ていない。死んだ者（ラザロ）を入れた所の石を取ってから、イエスは天を仰いで言った。父は私の願いを聞いてくれた。ありがとうございます。私は知っている。神が私の願いをいつも聞いてくれることを。しかし群集の人が周りをとりまいて聞いているがゆえに、私はこのように言うのです。あの人たちが信じるように。神が私を使いに出したということを。こう言ってから、大声を出して呼んだ。ラザロ、出て来いと。すると、死んだ者（ラザロ）が麻布で手を巻き、頭を布で包んだ形で出てきた。イエスはあの人たちに言った。ほどいてやれと。

マリアの所へ来た多くのユダヤ人は、イエスのやったことを見てから、イエスを信じることになった。しかし中には、ファリサイ派の人々の所へ行って、その人たちに、イエスがやったことを話す者もいた。そこで公家の頭人の人々とファリサイ派の人々はみなに集まれと呼び集めて言った。あのイエスはとても不思議なことをするがゆえに、ワシたちはどうしたらいいのだろうかと。ワシたちがあのイエスを許すなら、みんながあのイエスを信じるようになろう。そうすればローマ人たちが、ワシたちの所へ来て町人を殺していくことになる。その頭人の中の一人のカイアファが、つまりその年の大祭司を受けた高い位の公家が、その人たちに言った。お前たちは知らないだろうが、お前たちは思わないか、町人（国民）のために一人の人間が死ぬことの方がよいということを。すべての町人（国民）が腐らないために。この言はその人自身の心からの言ではなかった。ただその人は、高い公家であったがゆえに前もってこう提案したのであった。しかし、これがもとで、イエスはやがて町人（国民）のために死ぬことにされてしまったのである。町人（国民）ばかりではない。極楽の神の国へ入れなくなっている子どもを寄り集める手段とするためにも。この日から、公家の頭人たちはあい計らって、イエスを殺そうとするのであった。

そこで、イエスはユダヤ人たちの間を公然とは歩まぬようにして、そこを去って荒れ野に近い所、エフライムへ移動し、弟子たちとともにそこに滞在することにした。

その時、ユダヤ人たちの過越祭のお節句が近づいてきていた。過越祭には多くの人間が節句のゆえにエルサレムの城下に登ってくる。自身を清めるために。しかしあの頭人たちはイエスを探していた。寺（神殿）で出会っては言い合った。お前はどう思うか。イエスはまだこの節句の所へは来ていないのだろうかと。公家の頭人の人々もファリサイ派の人々も、町民に仰せ（命令）を出していたのである。イエスのおる所を知ったら届けよと。つかまえたいのでと。

第12章（ラザロの復活を目の当たりにして、イエスを信じる人が増えるのだった。しかしファリサイ派を恐れて、人々は公然とイエスを信じるとは言えないでいた。そこでイエスは言う。今は人間世界を戒める時。私が神の永遠の命を大切にする思想を伝え、迷える人々を救うために私が派遣されてきたのはそのためである。一粒の麦のように頑張ることが必要である。私の行為・言は神のものであって、妨害したり不信の行動を示す者は神によって裁かれる。しかし私とともに生きた人には永遠の命が与えられると）

過越祭のお節句の六日前に、イエスはベタニア村へ、つまり一度死んだが生き返らされたラザロのいる村へやってきた。弟子たちはそこで振舞（夕食の準備）をすることになった。マリアは給仕する。ラザロも客の一人としてあった。その時マリアは、値のかなり高い香水（ニホウクスリ）を持って行き、イエスの足に塗りつけ、その足を自分の髪でぬぐった。そのおかげで、家の中は香油の香りで一杯になった。その時、イスカリオテのユダが、つまり弟子の一人で後にイエスを告発する（裏切る）ことになる人が言った。なぜこの香水（コウヤク）を三十銭で売って、その銭を貧人（ヒニン・貧者）に与えないのかと。この人はこう言ったが、この人は貧人を慈しむ人ではなく、盗人であった。金袋をあずかりながら、その中味を隠していたのだった。そこでイエスは言った。女（マリア）を許しなさい。私が生きている日まで、その香水を守っていくのだからと。お前たちは貧人とはいつまでもいられるが、私はいつまでもお前たちと一緒にいることはできないのだからと。

イエスがそこにおることを知って、ユダヤ人の群集が押し寄せて来た。イエスばかりだけでなく、一度死んで生き返ったラザロを見るためでもあった。それゆえ公家の頭人たちは、ラザロも殺そうと思うのだった。このラザロの生き返りによって、ユダヤ人の多くはイエスを信じるに至ったからである。

その翌日、お節句に来ていた大勢の群集が、イエスがエルサレムの城下に来ると聞いて、棗の木の葉を持って外に出、会いに行くのであった。そして次のように叫ぶのだった。頭人の血のゆえにやって来る人こそがイスラエルの本当の殿様だ。幸いを恵んでくださいと。イエスはロバ（兎馬）を見つけて乗る。イエスは（経文に）書いてある通りに従っていた。つまり、「シオンの娘よ、恐れるな。お前の殿様はロバの子に乗って、お前の所へくるのを見よ」と書いてあるが、その通りだった。イエスはそのようにしてやってきたのだった。イエスの弟子たちは、最初はこのことが分からなかった。しかしイエスが位（神としての位）を受けられた時に、弟子たちはこのことを思い出すのだった。このことが書かれていたことを。人々はともにいて、多くの群集は、イエスがラザロを墓より呼び出し、死んだのを生き返らせたのをその目で見ていた。だからイエスの実証となる。こういうことから、群集の人々はイエスに会いに来たのであった。そして、ファリサイ派の人たちは、イエスがこのように不思議なことをやったと聞いていたので、言い合うのであった。止めることのできないこの現実を見よと。世界の人間がイエスについていくのを見よと。これはもう止めることはできないと。（だから死んでもらうしかないと）

ヘレニズム人間（ギリシャ人）たちが、お節句の祭を礼拝するために登ってきた。その人たちは、ガリラヤ国のベトサイダ村出身で、名前をフィリポという人の所へやってきて、請うて言うのだった。頭人よ、ワシたちもイエスに会いたいと。そこでフィリポはアンデレに話し、アンデレとフィリポはともにイエスの前に来て、その旨を話した。イエスは応えて返答する。時は来た。人間の息子の私が位（神の位）を受ける時がきたと。私はお前たちに本当のことを言おう。麦の穂を地面に撒いても腐らなかったら、麦は一粒のままだ。しかし腐ったなら、クグモノ（食うもの）を沢山実らせることになる。つまり命を大切にする人は命を失わないが、それに対して命を嫌う（捨てる）人は、この世界にある限りでは命が貰えないだけで、沢山実らせることができるのである。それゆえ、私に仕えようと思う人は私について来い。私がおる所に下男としておれ。私に仕えるならば神はお前たちに辞儀をする（お前たちを歓迎する）であろうから。（つまり永遠の命が貰えるであろう）

今私の魂はおどけている（落ち着かない）。私はどうしたらいいのか。父よこの窮地から私を救えと言いたい。しかし正しくは、私はこの時のために来たのだから、父よ、あなたの名において、私を位（神の位）につけよと言おう。その時だった。天から声が聞こえてきたのは。私はその時、位（神の位）を受けたのだった。だからこうすればこれからも位（神の位）は受けられるはずだと。しかしそばにいた群集の人々は、その声を聞いて言うのだった。雷が鳴ったと。別の人間は、神様がイエスに話をしたと言う。イエスは返答して応えるのだった。この声は私のためにあったのではない。正しくはお前たちのためにあったのだと。今はこの世界を戒める時なのだ。今この世界の頭人は、外へ出して（ワトエダイテ）追放される。だから私が地より引き上げられた時には、私はみなを私の所に引き上げることはしないと。このことを示す以外の方法では私は死なないと。群集の人々はこれを聞いて言うのだった。法度（律法）には、キリスト（救世主）はあらん限り（永遠に）いると書かれていると。ところがあなたは意外にも、人間の息子はしっかり高く引っ張りあげられるのでなければならないと言う。だれが人間の息子なのかと。イエスはその人たちに応える。少しの間まだ光はお前たちとともにある。光のある間に歩みなさい。暗いお前たちを暗くさせないために。暗い中を歩めば、どこへ行くかは分からない。お前たちにはまだ光がある。光を信じ、光の息子となろう。こう言ってイエスはあちらへ行って、自分自身を隠されるのだった。

しかしイエスが不思議なことをあの人たちの前で沢山やったのに、あの人たちはイエスを信じなかった。それゆえ、前から知られているイザヤの言は真となる。イザヤの言は以下の通り。頭人よ、私の談義（主張）を誰が信じたのか。頭人の手はどの人を指したのかと。それであの人たちが信じなかった理由を、イザヤは更に次のように述べるのだった。あの人たちの目はつぶれていたし、そして腹も張っていた。ために目で見ることができず、腹で理解することもできなかったからと。なのに、あの人たちは戻る（反省する）ことをしなかった。そこで私もその人たちを直させようとはしなかったと。イエスはこう言われたのだった。そこで、イザヤはイエスが位（神の位）を得るのを見た時も、イエスをそのように語ったことになる。その結果、正しく言えば、頭人の多くがイエスを信じたが、しかしファリサイ派の人々がいるために、公然とは言えないでいた。あの人たちは恐れ、自分たちを大事にしたために。つまり極楽の辞儀よりも人間の辞儀を欲したために。

イエスは叫んでこう言った。私を信じる人は、私を使いに出した人を信じることになるのだと。正しくは、私を信じない見方をする人は、そういう見方で私を使いに出した人に対してでも見ることになる。私が世界に光を吐いたのは、私を信じた人すべてが暗い中で暮らさぬようにするためである。しかし私のことばを聞いて信じなくても、私はその人を戒めない（裁かない）。なぜなら世界を戒めるために私は来たのではないから。正しく言えば、私は世界を救いに来たのであるからと。しかし私をはねのけ、私のことばを聞かない人に対して、その人を戒める（裁く）者はいるのである。私がしないだけで、父は戒める（裁く）のである。私は自分勝手に言っているのではない。私を使いに出した父は、私に何を言え、何を話せと命令している。私は、父の掟はあらん限りの命（永遠の命）を大切にすることだということを知っている。私がものを言うことは、父が私に言いつけたことであって、父がしたように話せということなのである。

第13章（弟子のイスカリオテのユダの裏切りが間近に迫ったことを知り、イエスはこの世界から離れる時の来たことを自覚する。そこで隣人愛の中味を語る。私がお前たちをかわいがったように、お前たちはかわいがり合えと。神を信じる神の子として。これこそが極楽世界であって、神の願いであるがゆえに。神の子とは、神の位を受け取り、人間を極楽へ導く神の知恵において実践する人のことである）

過越祭の前に、イエスは、この世界から離れる時の近づいたことを知るのだった。父の下に帰り、この世界に戻れない時の来たことを。それゆえこの世にいる弟子たちを一層かわいがるのだった。また最後までこの弟子たちをかわいがろうと思う。振舞（夕食）の時だった。悪魔（アニ・鬼）がイスカリオテのユダの腹に入っていく。その人はイエスを告発したいと思っている人だった。イエスは父が自分にすべてをことごとく手渡されていて、この身体は極楽の神より来たものであるから、そこへ戻らなければならないことを知っている。イエスは振舞（夕食）の後、席を立ち、着ているものを脱いでたたみ、前垂れをもって締め、そしてたらいに水を入れて、弟子たちの足を洗いはじめるのだった。そして前垂れで拭くのだった。イエスがユダの所へ来た時、その人は言った。頭人、ワシの足を洗わないでくださいと。イエスは応えて、その人に言う。私がやっていることの意味をお前はまだ知らないが、後で分かるはずであると。ユダはイエスに言った。今までに、あなたは私の足を洗ったことはないと。イエスは応える。私がお前を洗わないならば、お前は私の朋輩（友だち）でなくなると。そこでユダはイエスに言う。頭人、足ばかりでなく手や頭も洗ってくださいと。イエスはユダに言う。全身を洗った人には足だけをしっかり洗ってあげるのだ。しかし身体が全員きれいではない。お前たちが全員きれいではないと。イエスは自分を告発する人を知っているのであった。それゆえ言ったのだった。お前たち全員がきれいではないと。

＊ユダはシモン・ペトロの子。しかし叙述に混乱が見られるので、これ以降ユダに統一。

足を洗ってあげてから、イエスは着るものをきて、再び寝転び（席につき）、弟子たちに言うのだった。お前たちは私が伝えたことを知っている。お前たちは私のことを師匠とか頭人と名づけるが、よいものの言い方である。その頭人や師匠の私がお前たちの足を洗ったのだから、お前たちも足をしっかり洗い合え。私はお前たちにたとえとして見せたのだから。私がお前たちにやったことを似せてやれと。そして私はお前たちに本当のことを言おう。下男の者はその人の主人より高くはない。同様に使いに出された人は、使いに出した人より高くはない。このことをお前たちが知っているなら、言おう。このように、この自覚において実践して欲しいのだと。しかし、私はお前たちみんなに言うのではない。私が選び出した人々に言うのだ。経文の本（聖書）は真実を述べている。私とともに私の餅（パン）を食べた人でも、私を悪党だと言って刎ねる者もいるということも。しかし私は何もできなくなる前に、お前たちに言っておく。お前たちが私らを信じてくれることを信じて。私はお前たちに本当のことを言っておく。私を使いとしてやった人を受け取める人は私を受け取めたことになると。逆に言えば、私を受け取めた人は私を使いに出した人を受け取めることになるのだと。

こう言ってから、イエスは地にお辞儀して言った。私はお前たちに本当のことを言おう。お前たちの一人が私を告発しようとしていると。弟子たちはそれを聞いて、見合い、疑われているのはどの人かと言う。イエスがかわいがっていた弟子のうちの一人が、イエスの胸板にもたれた。それゆえユダは、イエスに内緒でその人に問うた。どうしてあの人はそう言うのかと。その人はイエスの胸板に持たれたまま言う。頭人、どの人ですかと。イエスは返答する。私が一口食って取らせる者だと。そしてイエスは一口食ってから、イスカリオテのユダに取らせたのだった。ユダが一口食べた時、悪魔（ヲニ・鬼）が腹の中に入っていった。そこでイエスは言った。お前がやりたいことをすぐやれと。寝転んでいた人々には、何をイエスがその人に言ったかは分からなかった。ユダが金入れ袋を預かっていたので、イエスが彼にお節句の食べ物を買ってこいと言ったのだろうとか、貧人（貧者）に施しをしてこいと言ったのだろうとか思っていた。ユダはイエスから一口の餅（パン）を受け取ると、すぐに外へ出て行った。時は夜であった。

さてユダが出て行った後にイエスは言った。人間の子の私は、今位（神の位）を受け取った。人間の私は極楽の神より神の位を受け取った。このことは、極楽の神が人間より位を受けたことにもなる。（人間である私が神を信じ神の行為を実践するがゆえに）。極楽の神自身が人間の位についたということにもなるので。それゆえに、すぐに私を位（神の位）につけたのだった（神として実践させるために）。子どもたちよ、私はお前たちとともにもう少しの間一緒にいる。しかし、私がユダヤ人たちに言ったように、私が行く所には、お前たちはついて来れない。このことを再び話そう。私はお前たちに仰せつかった新しい掟を取らせる。お前たちはかわいがり合え。私がお前たちをかわいがってきたように。お前たちはかわいがり合え。私がしたと同じように。お前たちがかわいがり合うならば、お前たちが私の弟子であることをみんなが知るであろうと。

ユダがイエスに言った。頭人、どこに行くのですかと。イエスは応える。私が行く所には、今はお前はついて来れないが、それにお前はついて来ようとも思っていないけれどと。

ユダはイエスに言った。頭人、私はなぜあなたについていこうとしないと言うのですか。ワシはあなたのために命を捧げようとしているのにと。イエスはユダに返答した。お前は私のために命を捧げると言うのか。私はお前に対して本当のことを言おう。お前は鶏が鳴く前に、三度私を知らないと言うと。

第14章（イエスは父の下に帰った後のことを語る。イエスに代って人々を導く人（聖霊）のことを語る。任せ人、陀羅かす人のことを語る。聖霊とはイエスの心を持つ人のことである。イエスの思想を深く理解すれば、自然にイエスのようになれるが、聖霊はこういう人を指しているように思える。父の下へ帰った後、私に代わる聖霊を送ると言うのだから（第20章、第21章参照）。第21章で述べられているペトロのような人に思える。日本仏教で言う「聖（ひじり）」に似ている。さて、私は磔にされるが、罪として裁かれるのではない。ジコチュウを改めようとしない支配者によってそうされるだけだから。それゆえこの場は、隣人愛の心は裁かれるものではないということが示される場となる。かわいがり合えという神の教え（隣人愛）は不滅であることが示される場となろう）

イエスは言う。腹の中で驚くな。私を信じよ。極楽の神を信じよ。私の父の家には居宅がたくさんある。もしそうでないならば、私は私の家を改造して、お前たちの所へ行き、お前たちを預かることにする。そうすれば、私が住む所にお前たちも住むことになる。そして私が行く所についてはお前たちは知っているし、行く道についても知っていると。しかしトマスはイエスに言う。頭人よ、あなたが行く所を私は知らない。どうしてワシたちが道を知っていると言うのかと。イエスはトマスに言う。私の道とは、本当は私の命のことなのだ。私によらずして父の所へ行ける人間はいない。人間には負えないことだから。父の所へ行けるのは私のみである。それゆえ、お前たちが私を理解しているならば、私を通して父を知ることができるということなのだ。つまり、今お前たちは私を見て、父なる神を理解しているが、それが道なのだと。フィリポがイエスに言う。頭人よ、やはり父を私たちに見せてほしいと。ワシたちに合った（タアタ）形で。イエスはその人に言う。私は多くの時間お前たちとともにいた。フィリポよ、私を知らないのか。私を見た人は父を見たのと同じなのだ。お前は意外なことを言う。父を自分たちに見せよと。お前は信じないのか。私が父の中に、父が私の中にいることを。私がお前たちに言うことばは、私が自分で言っているのではない。私の中にいる父が言っているのであって、父が私の仕事をしているのである。私を信じよ。

私が父の中に、父が私の中にいることを。しかし、このことが理解できなくてもこの仕事のゆえに私を信じよ。私はお前たちに本当のことを言おう。私を信じる人は、私がする仕事をするようになるはずである。つまりこの他界（人間世界）においてするようになるはず。こうなってはじめて、私が父の所へ行くことによって、お前たちが私の名において頼む（願う）ことを、私がしてあげられるようになるのであると。（こうなることが、父が息子の位を受け取ることの本当の意味なのである）。

お前たちが私をかわいがって（大切にして）くれるならば、私は私の仰せつけ（約束）を果たそう。父にお願いをして、私に代わる任せ人（マカスヒト・聖霊）をお前たちにとらせるということを。お前たちとともにいつまでもいるものとして。その人は本当の神様なのだ。しかし、世界の人間はこれを見ようとも知ろうともしないので、この神様のことはまだ知られていない。それゆえ人々はその人を受け取れないでいる。しかしお前たちは知っている。この人（聖霊）のことを。お前たちとともにいて、お前たちの中にいたがゆえに。私はお前たちを一人も漏らさなかったけれど、私はお前たちの所にはもう来れない。更にもう少しの間しか、私はこの世界を見ることはできない。しかしお前たちは私を見ている。このことによって私は生きていけるのだ。お前たちもやがて死ぬけれど。いつの日にか、お前たちは、私が私の父の中に、お前たちが私の中に、私がお前たちの中にいるということを知るであろう。私の仰せつけ（指示）を聞き入れる人は、私をかわいがる（大切にする）であろうし、私をかわいがる人は、父にかわいがられるであろう。私がその人をかわいがらなかったり、自分をその人に顕わさなかったりしたことはないので。イスカリオテでないユダがイエスに言った。頭人、意外にも、あなた自身はワシたちに顕わしたと言うのに、世界はそうなっていないと。イエスは応える。人間が私をかわいがる（大切にする）ならば、私のことばを聞き入れるはずで、私の父はお前たちをかわいがってくれるはずである。私たち（父と私）は降りてこないが、人間とともにいる。私を大切にしない人は私のことばをよく聞いていない人なのだ。しかしお前が聞いた私のことばは、私のではない私を使いに出した父のことばなのだと。

これらのことを、私はお前たちとともにいる時に話した。「陀羅かす人」（ダラカスヒト・無知な人を説得して善導する人・聖霊）とは、ありがたい神様、つまり私の父が私の名において使いに出すものであるが、そのものがお前たちみんなに教えてくれる。私がお前たちにお願いしたことを思い出させてくれる。私はお前たちに情け（ナサケ・心）を贈った。つまり私の情け（隣人愛の心）をさずけた。人間世界が人間にさずけるようにさずけるものでないものを。腹の中で驚いたり恐れてはならない。私は天国に帰るがまた戻ってくると、お前たちに言ったことをお前たちは聞いているはずだ。お前たちが私をかわいがって（大切にして）くれるならば、私が言ったこと、つまり私が父の所へ帰ることを喜ぶはずである。父は私より高くあるのだから。今まだ起こらない前に（事が起きる前に）、私はお前たちに話をしたが、このことを、お前たちは起きた時に（事が起きた時に）信じるであろう。私はお前たちに多くを話せない。この世の頭人が捕えに来るがゆえに。しかし彼は私を告訴することはできない。そうだから、世界の人間は、私が父（の教え）をかわいがって（大切にして）実践していたということを知るようになるであろう。私は父が仰せつけた通りにやってきたのだから。さあ立って、出かけようと。

第15章（イエスを信じ弟子になった人とイエスの関係は友だち関係とイエスは言う。頭人と下男の関係でなく、父の命令をともに実践する隣人愛の関係だからと。しかしこの隣人愛の関係は、ジコチュウを改め、隣人愛に生きる人々の関係であるから、自己愛だけの人間世界からは生まれて来ない。神を信じ、イエスを信じるのでなければ生まれて来ない。つまり再生しなければ生まれて来ない（第3章参照）。そしてイエスは、

その世界は、自分だけの幸せでなく、みんなとともに幸せになれるように、かわいがり合う世界と言う。しかし、どうしてもこのイエスの思想を理解しようとしない人々が迫害に及ぶのだった。隣人愛の素晴らしさを目の当たりにしながら、迫害に及ぶ罪は許されないとイエスは言う）

誠に私はぶどうの木であり、私の父は畑をつくる人（農夫）である。それゆえ、果物をつけない蔓はみな父に引き抜かれてしまう。そして果物がなる蔓はみなもっと果物がなるようにと手入れされる。実際、私がお前たちに話したことばによって、お前たちは清くなっている。だから私の中におれよ。そうすればお前たちの中に私がいることになるので。蔓がぶどうの木についていなければ果物はならないように、お前たちは私の中にいなければ実をつけることはできない。私がぶどうの木で、お前たちは蔓。私の中におる人は、それゆえその人の中に私はいることになる。こういうことでその人は沢山果物をつけることができるようになるのである。私がいなければ、お前たちは実をつけることはできない。私の中にいない人は、蔓と同じで、引き抜かれ枯らされてしまう。そして人間によって火の中にほうりこまれて焼かれてしまう。私の中におるならば、私のことばはお前たちの中で生き続け、何でもほしいものを望めばかなえられるようになる。こうなってはじめて、私の父からお前たちは、位（神の位）を受け取ることになるのである。お前たちが私の弟子になっておれば、沢山果物をならせることができる。父が私をかわいがるように、私も同じようにお前たちをかわいがるので。だから私の恵みの中におれよ。お前たちが私の仰せつけ（命令）を聞くならば、私の恵みの中にいることになり、私が父の仰せつけ（命令）を聞いて得た恵みの中にいることになるのでと。

私がお前たちにこれらのことを話したのは、お前たちの中にいることとの私の喜びからであって、お前たちの多くの実践を喜ぶためである。私がお前たちをかわいがってきたように、お前たちはかわいがり合えというのが私の仰せつけ（命令）である。友だちのために命を許す（捨てる）人間はいないけれど、この恵みほど大きなものはないのである。お前たちがこの私の仰せつけ（命令）を聞き入れるならば、お前たちは私と友だちになれる。私はお前たちを下男（しもおとこ）などと仇名しない。なぜなら、下男は頭人が何をするかを知らないからである。正しく言えば、私がお前たちを友だちと名づけるのは、私が父から聞いたことをお前たちにみな知らせたことによる。しかしお前たちが私を選び出したからではない。正しく言えば、私がお前たちを選び出し友だちと定めたからなのである。果物をならせていくために。お前たちの果物が永遠に永らえるために。お前たちは何でも父に頼めばいい。あの父はお前たちに私の名において取らせるであろう。私がお前たちをかわいがってきたように、お前たちはかわいがり合え。私はこのことを命令する。

＊「お前たちにみな知らせた」の原語は「ミナステサセル」である。原語の意味は「ジコチュウを捨てさせ、隣人愛に生きるようにさせた」のようになるので、右のように訳した次第である。

世の中の人間がお前たちを嫌っても、お前たちは、前にはお前たちも私を嫌っていたことを思い出せ。お前たちが世の中に留まっていたならば、お前たちも自分自身をかわいがるだけであったであろう。しかしお前たちはもうこの世の者ではない。私がお前たちを世界から選び出したがゆえに。それゆえ、世の中はお前たちを嫌うのである。だから、お前たちは私が言ったことばをよく守るようにせよ。下男は頭人より高くはないのだから。つまり私を損なう（迫害する）者は、お前たちをも迫害するはずであるということを。私のことばを聞くことができるようになれば、お前たちはそのことばを聞かなくなるであろう。あの人たちは、私を使いに出した人（神）のことを知らないのである。それゆえ、私の中にいるお前たちと同じではない。私があの人たちに言って来なかったら、あの人たちに迫害の罪はない。しかしそうではなかった。それゆえ今あの人たちの迫害の罪は許されないのだ。私を嫌う人は私の父をも嫌ったことになる。しかし、私が他の人のやれない仕事をあの人たちの中でやらなかったならば、あの人たちにその罪はない。やって見せたのに、あの人たちは、私と私の父を嫌っている。それゆえに法度（律法）に書いてあることば、つまり「あの人たちは私を理由なしに嫌う」ということばは、誠に正しくなるのである。

陀羅かす人（聖霊）は誠の神様だ。父より来る人で私がお前たちに使いに出してあげる人なのだが、お前たちが私についてきた時に、私が話したことを証言してくれる人でもある。お前たちは初めから私についてきていて、私が話をしたりやったことを見ているが、それを証言してくれる人なのである。

第16章（イエスは自分を神の息子として信じ、神の知恵は人間をかわいがるためにあって、そう実践してきた自分を正しいと信じ、自分の心を共有してくれる弟子たちに、つまりそのように実践してくれると誓う弟子たちに別れを告げるのだった。今は悲しいけれど、みんながかわいがり合うという思想は必ず勝つと信じて頑張ってほしいと言って。私が送り出す聖霊は罪・義・裁きの意味を明らかにするだろうし、私の名においで頼めば父は何でも聞いてくれるはずである。私が父の下へ帰れるのは、お前たちが

私を信じて受け入れてくれたお前たちのおかげでもあると）

私がお前たちにこういうことを言うのは、お前たちがなぶられ（いじめられ）ないためである。あの人たちはお前たちを抱きは（大切には）しない。だから、善い時が来たら再会しよう。お前たちをみな殺しにしたいと思っている連中が、極楽の神を祀り守っていると思っている。あの人たちは父と私を知らないがゆえに、お前たちに対してこのようにふるまうのである。私はお前たちに次のように言おう。善い時が来たら再会しようと。その時お前たちは私が言ったことばを思い出せ。私が当初において、つまりお前たちとともにいる時にこのことを言わなかったのは、一緒にいて言う必要がなかったからである。今、私は、私を使いに出した人の所へ帰ることになった。ところが、私にどこへ行くのかと問う人間はお前たちの中にはもういない。しかし私がお前たちに帰るということを話したために、腹の底から悲しんでいる人はいる。そこで私はお前たちに本当のことを言おう。私があちらに行くのは、お前たちにとってまし（益）になることなのだと。私があちらへ行かなかったら、私が使いに出す「陀羅かす人」（聖霊）はお前たちの所には来ないことになる。その人が来ればこそ、世界の人間に罪のゆえを、義のゆえを、裁きのゆえを覚らすことができるのである。つまり罪のゆえにあの人たちは私を信じなかったが、義がなければ、私が父の所へ行き、あちらへ行ってしまえば、私を思い出すことはなくなってしまうであろうし、裁きがあれば、この世界の頭人たちが戒められるということが可能となるからである。

私がお前たちに言っておきたいことはまだたくさんある。しかし今のお前たちでは、理解できない。しかし誠の神様（聖霊）が来た時には、お前たちをみな誠の所へ導いてくれるはずである。この誠の神様は自らを語ることをしない。聞いたことだけを話すはず。やがて来ることをお前たちに話すはずである。その人は私を神の位につけてくれ、私のことを取材して、お前たちに話すはずである。父が持つものはすべて私のもの。それゆえ私が言ったように、その人も私のことを語ってくれるであろう。

少しの間、お前たちは私を見ることはできなくなるが、やがて再びお前たちは私を見るはずである。私が父の所へいくことによって。これを聞いて弟子たちは言い合う。何をあの人はワシたちに語ったのか。少しの間お前たちは私を見ることができないが、やがて再びお前たちは私を見るはずだとか、私が父の所へ行くことによって等々。何を言っているのかワシたちには分からないと。イエスは仕方がないので、あの人たちに分かるように説くのだった。「少しの間、お前たちは私を見ることができなくなるが、やがて再びお前たちは私を見るはずである。私が父の所へ行くことによって」。このことがお前たちには分からないと言って言い合っている。私はお前たちに本当のことを言おう。お前たちが流す涙は流れない。なぜなら世界の人間にとって喜ばしいことだから。お前たちは悲しむが、その悲しみは喜びに変わるのだ。女子が子を産む時には苦しいのと同じで、その時が来たのだ。子を産んでからは苦しかったことを覚えていない。人間を世界に生み出した喜びのゆえに。お前たちは今は悲しいけれど、私とお前たちは会えないので。しかし腹から喜べるようになるのだ。この喜びをなしですますことは人間にはできない。その時にはお前たちはそのことを私に問わなくなる。私はお前たちに本当のことを言おう。お前たちは何でも父に私の名において頼めば、お前たちに授けてくれるようになるはずである。お前たちは今まで、私の名において頼むことをしなかった。お前たちが頼めば受け取れるはずだったのに。かくして多くのことで喜べるようになるのであると。

私はこれらのことを、今まではたとえを用いて話してきた。しかし、善い時が来た。今はもうお前たちに、たとえでもっては話す時ではない。なぜなら今は父のことをはっきり話せるはずの時だから。その時にも、お前たちは私の名において頼め。しかしその時には、私はお前たちのために父に乞うことをしない。その時には父は自らお前たちをかわいがろうと思っているのだから。お前たちが私をかわいがってくれたことによって。私が極楽の父の下からきたことを信じてくれたことによって。それで、私は父の下からこの世界へあま下ったが、再びこの世界を離れて父の下へ戻ることになったのだと。弟子たちはイエスに言う。今はたとえで言わずに、はっきり言われた。今、ワシは分かった。あなたはすべてを知っていて、ぬかりのない（しびかりのない）ことを。人間はあなたに質問するであろうが、ワシたちは以下のように信じると。あなたが極楽の神の下から来た人であるということを。イエスは弟子たちに答える。今は信じてくれるか。善い時がやって来た。今がその時なのだ。さて、お前たちはみな自分の屋敷へ広がる（帰る）時。私を一人残して。しかし私は一人ではない。父が私とともにいることによって。私がこのことを言うのは、お前たちが私の中にある情け（心）を共有することにおいて、この世では悲しくても、力めよ（力を出してほしい）ということを言うためである。私は世界に勝っているのだから（告訴されることなく、力尽くで逮捕されるだけだから）。

第17章（弟子たちとの別れの前に、イエスは父にお願いをする、あなたの子を神の位につけよと。理由は弟子たちを悪者から守るためにと言う。弟子たちが持つ思想は神の思想であって、この世の人が生まれ持つ自分だけをかわいがる思想でなく、かわいがり合

う真実に生きる思想であるために、どうしても嫌われてしまう。彼らが神の思想を如来としてまっとうできるように、神の使いとしての聖霊を派遣したい。これが理由であると)

イエスはこのように話してから、天を見上げて言った。父よ、時はきた。息子の私があなたを人間の位につけたように、あなたの子を神の位につける時が来たと。あなたが人間みんなに位勢（位）を授けた。あの人々にある限りの命を全うさせる（永遠の命を得させる）ために。このあらん限りの命（永遠の命）は、あの人たちが心から、極楽の父と彼が使いに出したイエスをキリスト（救世主）として認識することにおいて得たものだ。私はあなたを地の位につけた（あなたを人間の中に導くことによって）。かくして私はあなたの命じた仕事をすますことができた。父に乞う。あなたとともに私はあった。世界ができる前から私はあなたとともにあった時の神の位に、今ここでつけよと。

私はあなたが私を人間世界に派遣した人としてあなたの名前を明らかにしてきた。あなたはその任（仕事）を人間世界で私にやらせたのであった。あの人たちはそれゆえみなあなたのことばを聞いている。そして私のやったことはみなあなたから出ていることも知っている。あなたが私に与えたことばを、私はあの人たちに伝えた。あの人たちは受け取ってくれたので、誠に正しく理解している。それゆえ私があなたの下から来たことも、あなたが私を人間世界に使いとして出したことも、あの人たちは信じている。私があの人たちのためにあなたに頼むのは、この世界のために頼むのではない。あなたが私に委ねた人、つまりあなたの人間になった人のために頼むのだ。私のことはすべてあなたのこと、あなたのことは私のこと。その人々に私は神の位をつけられなくなるのだ。私はやがてこの世界からいなくなるので。あの人々はこの世界に残る。私はあなたの下へ帰っても、私に委ねた人たちを、ありがたいあなたの名において守って欲しいのだ。あの人たちは私たちと同じで、一つになれる人だから。私はこの人間世界にいる時、あの人たちをあなたの名において守ってきた。私はあなたが私に委ねた人々を守ってきた。一人の人間も腐らせなかった。正しく言えば腐っていた人は腐ったけれど。こうして経文の本（聖書）が誠であること（神の位の人は不滅であること）を私は実証したのだった。今私はあなたの下へ行く前に、このことをこの世界で言うのは、あの人たちが、腹の中から喜んでくれることを望んでのことである。私はあの人たちにあなたのことばを伝えた。あの人たちはこの世界に基づく思考（ジコチュウ）をしない。私がそうしなかったように。それゆえ世界の人間たちはあの人たちを嫌うのである。しかし私が頼むことは、あの人たちを他の世界に連れていくことではない。正しく言えば、あの人たちを悪者から守ってほしいということなのだ。あの人たちの思考はこの世界からでてきたものではない。私と同じように。だからあの人たちの中に、真実の道を定めてやってほしい。あなたのことばは真実である。あなたが私を世界に使いに出したように、同じように、私はあの人たちに「聖霊」を使いに出したいのだ。私はあの人たちが真実に生きられるように、私はあの人たちのために身を捧げたいのだ。あの人たちが如来（ニヨヲラ）として誠の道をまっとうできるように定めてあげたいのだと。

私はあの人たちのためにだけ頼むのではない。正しくは、あの人たちが語ることばによって、私を信じる人々のためにも頼むのである。人間はみな一つになれるように。父は私の中にあり、私が父の中にあり、私があの人たちの中にあるように、あの人たちも同じで、私たちの一人になれる人だから。世界の人間が、あなたが私を使いに出したことを信じるようになるために。あなたが私にくれた神の位を、私はあの人たちにも取らせたいのだ。私とあなたが一つになっているように、あの人たちとも一つになりたい。私があの人たちの中にあり、あなたが私の中にあれば、あの人たちは一人も不足のない形で、以下のことを理解するようになろう。人間世界にあなたが私を使いに出したということと、あなたが私をかわいがった通りに、私があの人たちをかわいがったということを。父よ、あなたが私に取らせた人たちとともに私は一つの所にいたいのだ。このことによって、あの人たちは、あなたが私に取らせた神の位を見るわけで、世界ができぬ前からあなたが私をかわいがってくれていたことを知るに至るのである。しかし善の父よ、世界の人間はあなたを知らないのである。私はあなたのことを知っているけれども。あの人たちは、あなたが私を使いに出したことによって知るようになったのである。私はあの人たちにあなたの名を捨てさせるわけにはいかない。私は捨てさせない。あなたが私を恵みでもってかわいがってくれたことを示すために。あなたがあの人たちの中にいる形で、私もあの人たちの中にいる形でいたいのだ。

第18章（イエスはユダの告発で捕えられることになる。ユダはイエスの予言通りに三度イエスの弟子ではないと言う。総督官のピラトはイエスの説く誠の道については理解できなかったけれど、イエスは罪人とは言えないと言う。ユダヤ人たちはそれでもイエスを罪人として裁き殺せと言う。ユダヤ人たちはイエスを権力に殺させる道を迫るのだった）

こう言ってからイエスは、弟子たちとともにキドロンという名の谷の向こうに行った。そして弟子たちとともにイエスもそこに入って行った。イエスを告発しようとしているユダも、その場所を知っていた。イエスは弟子たちとともに度々ここに集まっていたからである。そこで、ユダは、ローソクとたいまつを掲げ、ファリサイ派の付き人や公家の頭人の抱え人とともに、戦の道具を持った軍勢を連れてやって来たのだった。イエスはみながやって来ることをすべて知っていたので、外へ出て行きその人たちに言った。だれを尋ねてきたのかと。その人たちは答えた。ナザレ村のイエスを尋ねて来たと。イエスはその人たちに言った。それは私だと。イエスを告発したユダも軍勢とともにそこに立っていた。イエスが私だと言った時、その軍勢の人々は驚いて後ずさりし、地べたに倒れた。再びイエスは問うた。だれを尋ねてきたのかと。その人たちは言う。ナザレ村の人間のイエスだと。イエスは答える。私がお前たちが尋ねるイエスだと。そしてお前たちは私を尋ねて来たのだから、あの人々は放してやれと言う。このように言うイエスのことばは誠に真実であって、私はお前たちに、私についてくる人々をだれをも腐らせぬと言ったが、その実践であることが分かる。その時、ユダが脇差しを抜いて、高位の公家の雇い人のマルコスに切りつけ、右の耳を切り落とした。そこでイエスはユダに言った。刀を納めよ。父が私にくださった壷（盃）を私が飲まなくて誰が飲むのかと。

軍勢の付き人千人の士と頭人とユダヤ人の雇い人は、イエスを捕まえて縛る。その人たちはイエスをその年の大祭司のカイアファがいる首都のアンナスの所へ、最初に連れて行った。このカイアファはユダヤ人に、一人の人間が町人（国民）のために死んだ方がましだと勧めた人である。

ユダともう一人の弟子、高位の公家を知っている弟子が、イエスに従った。イエスとともに高位の公家の門を入った。しかしユダは門の外に立っていた。高位の公家を知っている他の弟子が、外に行って門番と話をして、ユダを連れて入った。門番の女はユダに言う。お前はこの人の弟子かと。ユダは言った。ワシは違うと。雇い人が寒いときだったので炭をおこしてあたらせた。ユダにもあたらせた。

高位の公家のアンナスは、イエスに弟子のことや教えたことを問うた。イエスはその人に応える。私は、世界の人間に公然と話をしてきた。私はいつも、寄合宿（公会堂）や寺（神殿）で、つまりユダヤ人が集まる所で教えて来た。私は内緒で話したことはない。なのになぜ私に問うのか。お前は、私が言ったことを聞いた人に問え。その人たちは私の言ったことを知っているのでと。かように言った時、一人の雇い人が側に立ち、イエスの横顔をビンタして言う。お前はこのような高位の方に口答えするのかと。イエスはその人に言った。私が悪いことを言ったのなら、それを示せ。善いことを言ったのならなぜ私を叩いたのかと。

（それには応えずに）アンナスはイエスを縛ったまま、高位の公家カイアファの所へ送るのだった。

ユダは立って、火にあたっていた時に、そこの人々がユダに言う。お前はあの人の弟子の一人ではないのかと。ユダは言う。あの人のワシは弟子ではないと。ユダが耳を切った人の身内で、公家の中で身分の高い雇い人が言った。ワシはお前がイエスとともに畑の中にいるのを見たと。ユダは再びそうではないと言う。その時、丁度鶏が鳴いたのだった。

その人たちはイエスを、カイアファの所から屋敷方（総督官邸）に連れて行く。朝方だった。その人たち自身は屋敷へは入らなかった。身体を汚さないために。つまり、夕方、過越祭（パスカ）のお節句の時に、羔羊の子を食べるために。ピラトがその人たちの所へ出てきて、その人たちに言った。お前たちはどういう理由でこの男を訴えるのかと。その人たちはピラトに応える。この男が咎人（とがにん）でないなら、この男をお前に渡さないと。ピラトは彼らに言った。それならお前たちの法度（律法）でこの男を裁けと。ユダヤ人たちは彼に言う。人殺しはワシらは止められていると。このようにイエスの先のことば（私は彼らの罪のゆえに裁かれる）は真であって、彼が言った以外のやり方では殺されなかったのである。ピラトは再び屋敷方（総督官邸）に入って、イエスを呼んで言う。お前はユダヤ人たちの殿様かと。イエスは応える。お前は自分で考えてそういうことを言うのか、それとも他の人の話を聞いてそう言うのかと。ピラトは応える。ワシはユダヤ人ではない。お前の所の人、つまり公家の頭人たちがお前をワシに渡したのだ。だからお前は何をしたのかと聞くのだと。イエスは答える。私の国はこの世界にはない。しかしもし私の国がこの世界にあったとしても、私の雇い人は、私をユダヤ人たちに渡さないで、いさかった（争った）はずである。しかし今私の国はこの世界にはないけれどもと。ピラトはイエスに言った。それでもお前は殿様なのかと。イエスは応える。私が殿様であるとはお前が言ったことばである。私は、この世界にあま下ったのは誠を現わすために来たのだ。誠の人間はみな、私の声を聞くことができるのでと。ピラトはイエスに言った。何が誠かと。

こう言ってから、ピラトは再びユダヤ人たちを見に来て言うのだった。ワシにはあの男が罪人とは思えない。そして過越祭の節句の時には、お前たちが習ったように、ワシは一人の人を釈放することになっている。お前たちはあの殿様（王）を釈放してほしいかと。するとみんなが言うのだった。あの人ではない、バラバだと。この人は殺人犯だった。

第19章（ピラトはそれでもイエスを罪人とは思えないのだった。しかしユダヤ人たちは執拗

にイエスの死を迫る。自分を神の息子と称するのが許せないと言って。勝手に王を名のる者を許せば、天下様に背く行為だと脅し、とうとうイエスを磔にさせてしまう。イエスは弟子たちに母のことを頼み、この世界での自分の仕事を終えたことを知るのだった）

そこでピラトはイエスを捕まえて殴った。士（兵士）たちはアザミ（茨）で兜（かぶと）をつくり、頭にかぶせた。そして赤い晴着を着せた。ユダヤ人の殿様（王）と拝み言ってから、ピラトはイエスにビンタをくらわせた。ピラトは再び外へ行き、あの人たちに言うのであった。ワシはあの人を外へ連れて来るが、お前たちが知っているように、ワシにはあの人が罪人とは思えないのだと。イエスはアザミの兜をかぶり、赤い晴着を着て外へ出てきた。ピラトはその人々に言う。見よこの人だと。その時、公家の頭人の人々や雇い人は大声で叫ぶのだった。その男を磔（はりつけ）にせよ、磔にせよと。ピラトは言う。お前たちがこの男を連れて行って磔にせよ。ワシにはこの男が罪人だとは思えないのでと。ユダヤ人たちはピラトに応えて言う。ワシたちには法度（律法）があって、あの男はワシたちの法度では死罪に相当する。あの男は自分を極楽の神の息子と称したがゆえにと。

ピラトはこのことばを聞いた時、またまた恐れるのだった。再び屋敷方（総督官邸）へ入り、イエスに言う。お前はどこから来たのかと。しかしイエスは応えなかった。そこでピラトはイエスに言った。お前は私に応えない。ワシにはお前を磔にする威勢（権力）があるが、逆にお前を許す威勢（権力）もある。このことをお前は知っているかと。イエスは応えた。お前は神の家から下されていないのだから、お前は私ほどには威勢（権力）はない。それゆえ私をお前に渡した人の罪はもっと重いことになるのだと。これを聞き、ピラトはイエスを許したく思うのだった。そこでユダヤ人を呼ばって言うのだった。この男を許そうと。しかしユダヤ人たちは言うのだった。お前があの男を許すならば、天下様（皇帝）の友だちではないと。自分を殿様（王）にする行為は天下様（皇帝）に背く行為ではないかと。

ピラトはこのことばを聞いて、イエスを外へ連れて行く。ヘブライ語で「ガバタ」と名づけられた敷瓦の所へ連れて行き、キョクロク（曲ろく・椅子）へ腰掛けさせた。その時は、過越祭準備の日の正午頃であった。ピラトはユダヤ人たちに言う。お前たちの殿様を見よと。ユダヤ人たちは、しょっ引いて行け、しょっ引いて磔にせよと叫ぶ。ピラトはユダヤ人たちに言う。ワシがお前たちの殿様を磔にするのかと。公家の頭人の人々は答える。他の国の天下様（皇帝）であって、ワシたちの殿様ではないと。それを聞いて、ピラトはあの人たちにイエスを磔にさせるために渡すのだった。

ユダヤ人たちはイエスを捕まえて連れて行く。イエスに磔の木を担がせて、ヘブライ語でゴルゴダというされこうべの地へ連れていく。ユダヤ人たちはイエスを、別の二人の人間とともに磔にする。イエスを真ん中にして磔にする。ピラトは罪状書きを書いて、磔の木の上に打ち付けた。そこにはイエスはナザレの人間で、ユダヤ人たちの殿様と書かれていた。この罪状書きはヘブライ語とラテン語とギリシャ語で書かれていた。イエスが磔にされた所は城下に近かったので、多くのユダヤ人がこの罪状書きを読んだ。ユダヤ人の頭人たちがピラトに言った。あの男をユダヤ人の殿様と書くな。あの男は、ワシらに対して、ユダヤ人の殿様と言っただけだから。自称ユダヤの殿様と書けと。ピラトは返答する。ワシが書いたのだ、ワシが書いたものは変更できないと言う。

士（兵士）たちは、イエスを磔にしてから、イエスから着物をとって四つに分け、士（兵士）たちはみな一つずつとった。上着を取ったが、これには縫い目がないように織られていた。彼らは破るな、誰のものにするかはくじで決めようと言う。こういうことだったので、経文（聖書）のことばは真であることが分かろう。彼らが私の着物を分けて、上着でくじを引いたということが。実際に士（兵士）たちはこのようにしたのだった。イエスの母とクロパの女房のマリアは、マグダラ村のマリアという名前の女とともに、イエスの磔の木の近い所に立っていた。そしてイエスは母が、彼がかわいがってきた弟子たちのきわに立っているのを見て、母に言った。お母様、あなたの息子を見なさいと。それから弟子に言った。このお前たちの母を見よと。この弟子たちはこの時より、母マリアを屋敷に引き取ることにしたのだった。

この後でイエスは、みなし遂げられたことを知る。しかしその後で、経文（聖書）に書かれていることが真であることが分かることが起きたのだった。イエスは口が渇いたと言う。そこに酸っぱい酢を一杯入れた壷が置かれていた。人々はムシノアラヤ（海綿）を酢の中に突っ込んで、竹の管に詰め変えてイエスに吸わせた。イエスはこの酢を飲んでから、すんだと言い、頭をうつぶせにされた。その時魂は抜けていった。

この日はお節句の祭（安息日）の準備の日、下ごしらえをする日。それゆえユダヤ人たちにとって、この間に磔にある死骸は困るのだった。そこでピラトに言った。向こうずねを折るので死骸を下ろすことはできないかと願いでる。そこで士（兵士）たちがやって来て、先にイエスとともに磔にされていた他の咎人の向こうずねを折った。その後イエスの所へ来たのであるが、死んでいるのを見て、向こうずねを折ることをやめた。しかし士（兵士）の一人が槍を持って来てイエスの横腹を衝きやぶったのだった。たちまちにして血水が流れ出す。見ている者に次のことが示されたのだった。その現われは真であって、人は本当のことを知ることになる。お前たちが信じられるようにもなる。経文（聖書）には真が書かれており、その通りになったのだから。イエスの骨は一本も折られることはなかった。別の所に書いてある経文（聖書）の文言、あの人たちは衝きやぶった物を見ることができなかったも、本当であったのである。

この後に、イエスの弟子でありながらユダヤ人たちを恐れてそれを隠していたアリマタヤ村のヨセフが、ピラトにイエスの死骸を下に下ろすことを願いでた。ピラトが許すと言ったので、それゆえヨセフはイエスの死骸を下へ下ろした。夜時にイエスの所へ来た者がいて、名前はニコデモと言った。そのニコデモがモツヤク（没薬）とロクワイニ〈沈香〉のにおい薬と百金ものお金を持って来て、イエスを葬ったのである。ユダヤ人たちの風習にしたがって。つまりイエスの死骸に香料を塗りつけ、木綿で包むという形で。イエスが磔にされた所は畑の近くにあって、新しく死んだ者をまだ葬っていない墓にイエスの死骸を入れたのだった。ユダヤ人にとって準備の日であり忙しかったので。

第20章（イエスは復活して、父の下に帰る前の少しの間、弟子たちに語るのだった。弟子た

ちに聖霊を吹きつけ、私のようになれと言う。人に罪の話をして、罪から放してやれと言う。罪ということはジコチュウのままに生きること。これを克服して情けを掛け合い、かわいがり合う関係こそ人間には大切、私はそう実践してきたと語る)

週の初めの日（モンピ）に、マグダラ村の女マリアは朝がまだ暗い時に墓へ行った。そこで墓より石が取りのけられているのを見るのだった。そこでシモン・ペトロとイエスがかわいがってきた他の弟子の所へ行って、彼らに言った。だれかが頭人（イエス）を墓から取っていったと。そしてどこに埋けられているかはワシは知らないと。そこでペトロは他の弟子とともに外へ出て、墓へ行った。二人はともに走った。他の弟子の方がペトロより速かったので、先に墓に着いた。木綿の布が置かれてあるのを見たが、しかし墓の中には入らなかった。シモン・ペトロは墓に到着して、墓に入り、木綿の布が置かれているのを見る。頭を包んだ木綿の布は、他の木綿の布と一緒にはしてなかった。いったん畳んで別の所に置いてあった。その時、先に墓に着いた他の弟子も墓に入ってきて、（イエスのいなくなったことを）信じるのだった。この二人はまだ経文（聖書）の意味を理解していなかった。イエスは死後必ず生きかえるという聖書のことばを。そのためにこの二人は家に帰ってしまうのだった。

マリアは墓の外で泣いて立っていた。泣きながら墓を覗く。二人の天津神（天使）が、イエスの死骸が埋け（置い）てあった所で、一人は頭のわきに、もう一人は足のきわに腰掛けているのを見るのだった。その天津人（天使）はマリアに言った。御新造、お前はなぜ泣くのかと。マリアは言った。だれかがワシの頭人（イエス）を取っていったから。ワシには埋けてある所が分からないと。こう言って後ろを見ると、イエスが立っているのだった。しかしマリアはイエスだとは分からなかった。イエスはその女に言った。御新造、なぜ泣くのかと。何を探しているのかと。女はその人を畑仕事の人（園丁）と思い、その人に言った。頭人の死骸を取ったならば、ワシに埋けた所を教えよ。ワシがあの人を引き取るのでと。イエスはその女をマリアと呼んだ。そして女よ、後ろを見よと言う。今度はヘブライ語で、ことばの意味を変えて、ラブニ（師匠）と呼ぶ。イエスはその人（マリア）に言った。私を押えるな（自由にさせてくれ）。私はまだ父の所へは上らない。正しく言えば、私たちの兄弟の所へ行って話がしたいのだ。私が私の父の下へ、つまりお前たちの父の下へ、私の極楽、お前たちの極楽へ上る話をと。そしてマグダラ村の女であるマリアは、弟子たちに、頭人（イエス）を見たままに、イエスが言ったことを伝えに行くのであった。

週の初めの日（モンピ）の暮れ時に、弟子たちが集まる所へ、ユダヤ人を恐れていたので錠を下ろしてのことだが、イエスはやって来て、真ん中に立って弟子たちに語られたのだった。お前たちは情けを掛け合え（かわいがり合え）と。こう言ってから手と横腹を見せた。弟子たちは頭人を見て喜んだ。イエスはその弟子たちに再び言った。お前たちは情けを掛け合え。父が私を使いに出した通りに、私もお前たちを使いに出すのだからと。このことを言った後で、その弟子たちに息を吹きかけて言う。アリガタイ神様（聖霊）を受け取れと。それゆえ神の位を受け取ったお前たちが罪の話をしてあげるなら、その人たちは罪から放されることになり、逆にお前たちが罪を留めておれば、その人も罪を留める（放されない）ことになるのだと。

十二人の弟子のうちの一人で、トマスの双子と名づけられていた弟子は、イエスが来た時にはいなかった。別の弟子たちがその人に、ワシたちは頭人（イエス）を見たと話す。その弟子は言う。ワシが、手に釘の穴が空いているのを見て自分の指をその釘穴に入れなければ、そして横腹へ入れなければ信じないと。八日後に、再びイエスはあの弟子たちの中に立った。トマスはおり、錠も掛けられている中で。そして言う。お前たちは情けを掛け合え（かわいがり合え）と。その時トマスに言った。私の手を見て指を入れよ、そしてお前の手を引っ張って横腹へ入れよ。信じるために。そして信じよと。トマスはイエスに応えた。あなたはワシの頭人で、ワシの極楽の神だと。イエスは言う。トマスは私を見ることで信じたが、みなは私を見なくても信じてくれた。目出度いことだと。

イエスは弟子たちの前で、この本に書かれていない不思議なことをもっと沢山なされた。そしてこれらを通して、以上のことがこの本に書かれたのだった。お前たちが信じてくれることを願って。イエスはキリスト（救世主）で、極楽の神の息子であるということ、及びこのイエスを信じれば、イエスの名においてお前たちは命あるものになれるということ、これらを信じてくれることを願って。

第21章（復活後のイエスはペトロに神の位の実践を託す。人々を幸せにするための実践である。どんな困難があっても頑張れと。私にはこういう人のことを聖霊と言っているように思える。最後のところで「ワシ」と出てくるが、これはこのヨハネ伝執筆者のことであろう）

その後、イエスは再び、ティベリアス湖畔で弟子たちの前に現れるのだった。以下のように現れた。シモン・ペトロと双子と名づけられたトマスとガリラヤのカナ村のナタナエルやゼベダイの息子たち、そして他の二人の弟子も一緒にいた。その時、シモン・ペトロがワシは魚を捕りに行くと言うのだった。そこにいた人たちも、ワシたちもお前と一緒に行くと言って、外に出て、たちまちにして漁船に乗る。しかしその夜は魚が捕れなかった。イエスは朝早くから丘に立っていた。しかし弟子たちはその人がイエスであることを知らなかった。イエスはその人たちに言った。子どもたちよ、食う物はあるかと。彼らはないと言う。イエスは言う。網を漁船の右側に入れたら捕れるはずだと。そのようにしたら、魚が沢山網に入り網は上がらなくなってしまった。イエスがかわいがってきた弟子がペトロに言う。頭人だと。シモン・ペトロは裸であったので、腹帯を締めて湖に飛び込む。他の漁船は丘より二百ひろばかり離れていたが、その漁船にいた他の弟子たちが魚の網を引き込むために岸にやってくる。彼らは丘へ上がる。その時、イエスが炭をおこして魚と餅を並べているのを見るのだった。イエスはその人々に言った。今獲った魚を持ってこいと。シモン・ペトロは網を丘へ上げて見ると、大きな魚が百五十三匹入っていたが、網は破れていなかった。イエスは食べに来いと言う。弟子たちで、お前はだれかと問う者はいなかった。あの人たちは頭人であることを知っていたからである。イエスは餅をあの人々に与えた。魚もその通りにした。イエスは死んでから生き返り自らを弟子たちに示したのは、これで三度目であった。

食べてからイエスはシモン・ペトロに言った。ヨハネの息子シモンよ、お前はあの人々よりも私をかわいがってくれるかと。ペトロは答える。ハイ、頭人、私があなたを庇うことをあなたは知っているはずだと。イエスは言う。だったら私の尨羊の子に飼葉を与えよと。再び二度目だが、イエスはペトロに言う。ヨハネの息子のシモンよ、私をかわいがってくれるかと。ペトロは答える。ハイ、頭人、ワシがあなたを庇うことをあなたは知っているはずだと。イエスは言う。だったら私の尨羊に飼葉を与えよと。イエスは三度目になるが、また言った。ヨハネの息子のシモンよ、私を庇うかと。結局三度も私をかわいがってくれるかと言われたことになるので、ペトロは悲しくなって言った。頭人よ、これらのことはみなあなたは知っているはずだと。ワシがあなたを庇うことをあなたは知っているはずだと。イエスは言う。だったら私の尨羊に飼葉を与えよと。そして続けて言うのだった。私はお前に本当のことを言おう。お前が若い時にはお前は自分で自分の帯を締めた。行きたい所に行けた。しかし、年を取ると、お前は手を出され、別の人に帯を締められ、行きたくもない所へ連れていかれることになったりすると。この言は以下のことを言うために言ったのである。極楽の神の位につき生きることは、意外な死に方をしたりするものなのだと。こう言ってから、イエスはペトロに私について来いと言うのだった。

ペトロが振り向くと、イエスがかわいがってきた弟子がついて来るのが見えた。その弟子は、先の夕食の時にイエスの胸板にもたれて、だれが頭人を告発するのかと問うた人だった。ペトロはその人を見て、イエスに言う。この人はだれかと。イエスはペトロに言う。私はこの人とまた来る時に会いたいと思っていた。しかしお前は何をしにきたのか。私はお前についで来いと言ったのだぞと。つまりペトロを兄弟として信じるがゆえに、こう言ったのだぞと。それに対して、イエスはあの人には、死なないと言ったのではなく、私がまた来る時に会いたいねと言ったのだと。

この弟子はこういったことも残しておこうと思って書き残してくれている。

ワシはこの人が残してくれたことは真であると確信する。しかしイエスは他のことも一杯されたのだった。だからみないちいち書き留めていたら、ワシは思うのだが、世界の人間に対して書かれたこの種の本は、勘弁(理解)できなくなるであろうと。このこともまた真であろう。

おしまい

第三部　音吉聖書の読解

第二部は私の『音吉表現のギュツラフ訳聖書』の現代語訳でした。この第三部ではそれの読解を試みることにします。

まずこのヨハネ伝には何が書かれているのか。各章の直下に示した私の要約文を見ることで確認していきましょう。

①ヨハネ伝の要約

第1章

神の願いは、人間が善悪を判断する神の知恵をもって、人間世界を極楽世界に変えていく人間になることである。神は人間を導くために独り息子のイエスを降誕させる。以前は、モーゼに神の教えを律法（法度）として示させただけであったのでうまくいかなかった。そこで、イエスを神の教えを実践する人間として降誕させたと言うのである。

第2章

イエスが起こす不思議（奇蹟）において信者はふえるが、人間の心はいろいろであって、すべてが信者とは言えない。しかし今のこの段階では、信者の基準を人間に任せておくことにすると言う。

第3章

人間は再生しなければならない。再生とは神の思想において生まれ変わることである。つまり人間を救う神の思想を身につけて生きるようになることである。今人間世界は幸せ薄い中にあるので、人間が再生するのを願って、神は息子の私を人間世界に降誕させたのである（第15章参照）。しかしこの降誕とともに人間世界に分裂が生じてくるのでもあった。私（イエス）とともに生きる人と私（イエス）を欲しない人との分裂である。

第4章

正直なサマリアの女にイエスは説く。心から神を信じ拝むことが大切だと。そして神の不思議は、ヤコブの井戸のように、人間が助け合って生きていくに必要な物を願うことにおいてなされるのだと。人間が助け合って共存の道を願う時、不思議がおこされるのだと。これこそが神の知恵。しかし不思議を起こすから信じるというものがまだまだ多いのだった。

第5章

律法は神の恩恵を受け取る法だったのに、律法は形式的掟となり、人々を奴隷化するものになっているのだった。安息日に働けば律法に違反しているという具合に。神の真実は息子しか知らない。みんなの幸せを願って善い仕事をするのが神の教えだということを。だからそう実践しよう。しかし神の思想に目覚めず、尊敬しなければ、神によって裁かれ、極楽には行けないとイエスは告げる。

第6章

真実の餅は永遠の命の餅。永遠に生きる餅。人はイエスの不思議を見てイエスに近づくも、それは腐る餅を求めてのことだった。つまり自己愛のジコチュウの思想からだった。神に生きるイエスの隣人愛の思想こそ真実の餅なのに。これを求めようとはしない。イエスは神の思想を模範として実践しているのに。私は父の思想に生きるゆえ私を信じるものは神の思想に生きることになる。しかし私のように生きようと呼びかけるのに、支持されないのだった。逆に弟子の間からイエスを告発する者を生み出すという具合になる。

第7章

イエスは人間のジコチュウからする悪い仕事を露わにするがゆえに、ユダヤ人たちから殺そうと思われるようになるのだった。極楽に導こうとする神の教えに則れば当然のことをしただけなのに。そこでイエスは言う。殺そうというが、その裁きはモーゼの法度に基づいて、正しく運用されなければならないと。それゆえファリサイ派の頭人たちはイエスを逮捕しようとするも、イエスを信じる人たちがふえ、理不尽な逮捕はできなくなるのだった。

第8章

ユダヤ人の支配者たちの中にイエスを信じる者が出て来るが、それは自分にとって都合のよい所をとって信じるだけで、本当は信じていないのであった。アブラハムの子孫として誇りをもつ人たちも真実の神の教え（隣人愛）に目覚めようとはしない。自己愛のジコチュウ的理解をして。アブラハムは神の弟子であったのに、神と対立させてしまって。これでは誠の道は育たない。もちろん彼らもイエスを殺そうと思っている。

第9章

ユダヤ人の間ではイエスに対する評価が分かれてくる。ファリサイ派は律法を破るゆえ罪人と言うも（特に安息日に働かせたとして）、庶民は、人々の幸せのために不思議を起こすゆえ神の息子と思う。神の力なくしては不思議は起こせないから。目の不自由だった人はそれを治してくれたイエスを如来と認め、信じるに至る。人々の幸せのために働くイエスを如来と認めるのだった。

第10章

しかしイエスを信じる人であっても、神の息子と言うイエスの主張は信じられないと言う。そこでイエスは言う。私の仕事が信じられるなら、そこからはじめようと。私の仕事は神から出たものであるので、やがて私が神の息子であることも信じられるようになろうから。こう言っても自分を神の息子と自称するのは許せないという意見に固執する人がいる一方、神の知恵において実践するイエスを信じる人は確実に増えてくるのだった。

第11章

イエスの弟子のラザロが死んだ時、ユダヤ人たちに、イエスは神の位のラザロが永遠の命を得て復活する儀式を見せるのだった。だれもが死ぬ命を助けてくれると思っていただけだったのに。復活の真相を知り、イエスはますます信じられるようになる。しかしこれを見てファリサイ派などの社会の支配層は、ローマ人の怒りを買うのを恐れて、イエスには町人（国民）のために死んでもらおうという計画を立てるに至るのだった。しかしこれはひどい。もう無茶苦茶。

第12章

ラザロの復活を目の当たりにして、イエスを信じる人が増えるのだった。しかしファリサイ派を恐れて、人々は公然とイエスを信じるとは言えないでいた。そこでイエスは言う。今は人間世界を戒める時。私が神の永遠の命を大切にする思想を伝え、迷える人々を救うために私が派遣されてきたのはそのためである。一粒の麦のように頑張ることが必要である。私の行為・言は神のものであって、妨害したり不信の行動を示す者は神によって裁かれる。しかし私とともに生きた人には永遠の命が与えられると。

第13章

弟子のイスカリオテのユダの裏切りが間近に迫ったことを知り、イエスはこの世界から離れる時の来たことを自覚する。そこで隣人愛の中味を語る。私がお前たちをかわいがったように、お前たちはかわいがり合えと。神を信じる神の子として。これこそが極楽世界であって、神の願いであるがゆえに。神の子とは、神の位を受け取り、人間を極楽へ導く神の知恵において実践する人のことである。

第14章

イエスは父の下に帰った後のことを語る。イエスに代って人々を導く人（聖霊）のことを語る。任せ人、陀羅かす人のことを語る。聖霊とはイエスの心を持つ人のことである。イエスの思想を深く理解すれば、自然にイエスのようになれるが、聖霊はこういう人を指しているように思える。父の下へ帰った後、私に代わる聖霊を送ると言うのだから（第20章、第21章参照）。第21章で述べられているペトロのような人に思える。日本仏教で言う「聖（ひじり）」に似ている。さて、私は磔にされるが、罪として裁かれるのではない。ジコチュウを改めようとしない支配者によってそうされるだけだから。それゆえこの場は、隣人愛の心は裁かれるものではないということが示される場となる。かわいがり合えという神の教え（隣人愛）は不滅であることが示される場となろう。

第15章

イエスを信じ弟子になった人とイエスの関係は友だち関係とイエスは言う。頭人と下男の関係でなく、父の命令をともに実践する隣人愛の関係だからと。しかしこの隣人愛の関係は、ジコチュウを改め、隣人愛に生きる人々の関係であるから、自己愛だけの人間世界からは生まれて来ない。神を信じ、イエスを信じるのでなければ生まれて来ない。つまり再生しなければ生まれて来ない（第3章参照）。そしてイエスは、その世界は、自分だけの幸せでなく、みんなとともに幸せになれるように、かわいがり合う世界と言う。しかし、どうしてもこのイエスの思想を理解しようとしない人々が迫害に及ぶのだった。隣人愛の素晴らしさを目の当たりにしながら、迫害に及ぶ罪は許されないとイエスは言う。

第16章

イエスは自分を神の息子として信じ、神の知恵は人間をかわいがるためにあって、そう実践してきた自分を正しいと信じ、自分の心を共有してくれる弟子たちに、つまりそのように実践してくれると誓う弟子たちに別れを告げるのだった。今は悲しいけれど、みんながかわいがり合うという思想は必ず勝つと信じて頑張ってほしいと言って。私が送り出す聖霊は罪・義・裁きの意味を明らかにするだろうし、私の名において頼めば父は何でも聞いてくれるはずである。私が父の下へ帰れるのは、お前たちが私を信じて受け入れてくれたお前たちのおかげでもあると。

第17章

弟子たちとの別れの前に、イエスは父にお願いをする、あなたの子を神の位につけよと。理由は弟子たちを悪者から守るためにと言う。弟子たちが持つ思想は神の思想であって、この世の人が生まれ持つ自分だけをかわいがる思想でなく、かわいがり合う真実に生きる思想であるために、どうしても嫌われてしまう。彼らが神の思想を如来としてまっとうできるように、神の使いとしての聖霊を派遣したい。これが理由であると。

第18章

イエスはユダの告発で捕えられることになる。ユダはイエスの予言通りに三度イエスの弟子ではないと言う。総督官のピラトはイエスの説く誠の道については理解できなかったけれど、イエスは罪人とは言えないと言う。ユダヤ人たちはそれでもイエスを罪人として裁き殺せと言う。ユダヤ人たちはイエスを権力に殺させる道を迫るのだった。

第19章

ピラトはそれでもイエスを罪人とは思えないのだった。しかしユダヤ人たちは執拗にイエスの死を迫る。自分を神の息子と称するのが許せないと言って。勝手に王を名のる者を許せば、天下様に背く行為だと脅し、とうとうイエスを磔にさせてしまう。イエスは弟子たちに母のことを頼み、この世界での自分の仕事を終えたことを知るのだった。

第20章

イエスは復活して、父の下に帰る前の少しの間、弟子たちに語るのだった。弟子たちに聖霊を吹きつけ、私のようになれと言う。人に罪の話をして、罪から放してやれと言う。罪というこことはジコチュウのままに生きること。これを克服して情けを掛け合い、かわいがり合う関係こそ人間には大切、私はそう実践してきたと語る。

第21章

復活後のイエスはペトロに神の位の実践を託す。人々を幸せにするための実践である。どんな困難があっても頑張れと。私にはこういう人のことを聖霊と言っているように思える。最後のところで「ワシ」と出てくるが、これはこのヨハネ伝執筆者のことであろう。

このヨハネ伝は宗教書ですので、信者へ導く仕掛けが各所に見られますが、この仕掛けを括弧で括って読むと、ヨハネが理解するイエス伝が哲学書として読めます。これを哲学よみをすると、以下のようになりましょう。

②ヨハネ伝の哲学よみ

神は人間が、人間世界を極楽世界にすることを願って、以前、モーゼを通して、神の知恵を律法としてして人間に示しましたが、その律法が、人間の自由を縛る掟となっていることを知り、新たにイエスを人間世界に降誕させ、神の知恵をどう使うのが正しいのかを実践で示すことにしたのでした。

イエスは説きます。ヤコブの井戸は、ヤコブが人々の幸せを願ってつくったために、今も人々に大切に利用されています。私が起こす不思議もこれと同じで、みんなの幸せを願い、人間が助け合っていくに必要なものを願う時に、不思議が起こされるのですと。つまり、神の願いを実践する時に不思議はなされるのですと。

しかしこの実践は、ユダヤ人たちに衝撃をもたらすことになります。特に社会の支配層の人々に対しては。神の教えは律法を守ることと考え、これを掟にして庶民を支配してきた彼らにとって、みんなの幸せを願い、人間が助け合って生きていく世界にしていくのが神の願いとする思想はとんでもない思想となるからです。自分たちの思想を根本において改めねばならないことを意味します。支配から共存への思想の大転換ですので。隣人愛は共存の思想です。それゆえ、この思想は彼らの支配者としての地位を危うくするものでもあります。それゆえ、イエスへの攻撃は執拗を極めるのでした。

当初は、目の不自由な人の目を治すという不思議を行った時、たまたま安息日であったので、掟破りと攻撃するだけでしたが、神の願いは、人間が幸せになることで、お互いにかわいがり合っていく道（隣人愛の道）であり、イエスが神の息子として、神の願いを実践しているると説くのに対しては、不思議の中味を検討することもなく、神の息子と自称していると言って攻撃するに至るのでした。たとえばアブラハムの子孫は、アブラハムが神の弟子であったことを忘れ、アブラハムの子孫として罪を犯すことなくやってきたから、我らは正しいと言い張り、イエス敵視の姿勢を変えないという具合に。つまりイエスは、掟を守らず、自らを神の息子と自称するデマゴギーだと。

しかしユダヤ人の間では、イエスが行うみんなのためになる幸せの不思議は、神の力なしに起こせるわけがないとして、信頼され支持されるようになります。しかしその支持には不思議を享受したいためのものであって、みんなが幸せになれるように神の知恵において生きるイエスの生き方に対してではなかったのでした。そんな中で、「神の息子」という自称がネックとして利用されるのでした。勝手な自己主張に聞こえますので。しかし、こうした中でも、ただ一人、真実の意味でイエスを信じる人が出て来るのでした。それは目の不自由を治してもらった人です。イエスこそ人々の幸せを願って働く「如来」のような人だと言って、信じる心を表明するのでした。しかしこの雰囲気の中では例外的なことでしたが、貴重な一歩が踏み出されたことを意味します。

そんな中で、イエスは、自分が神の息子である証拠として、私を信じ、神の知恵において実践する人は神から永遠の命が与えられるという事実を、ラザロを復活させることで示す決意をします。ラザロの復活を目の当たりにしてイエスを信じる者が増えます。「神の息子」の自称という非難は解消されていきます。すると今度は、ファリサイ派などの社会の支配層は、イエスが王となればローマ人の怒りを買うから、ユダヤ国民のためにイエスには死んでもらおうという計画を練るに至るのでした。具体的には、権力にイエスを殺させる計画です。これはもう無茶苦茶な話です。支配者でありながら、隣人愛を実践する人を殺す計画を立てるのですから。

そして、イエスは自分の弟子からも裏切りの出るのを知ります。それゆえ、イエスはこの人間世界での活動が最後の時を迎えたことを知るのでした。そこでイエスは決断します。最後の闘いをしなければならないということを。イエスは自分を信じる弟子たちに以下のことばを残し、自らの実践を託すのでした。

①私はこの人間世界を去るが、罪人として裁かれて去るのではない。人間のジコチュウの結果として去るのである。刑場はその場となる。私の幸せをもたらす隣人愛の思想は必ず勝つと信じて頑張ってほしい。

②私の思想は、私がお前たちをかわいがったように、お前たちがお互いにかわいがり合えということである（隣人愛の実践）。そして、神の子として神の位を受け取り、人

間を極楽世界に導けということである。

③人間に神の思想（知恵）がなければ、人間は自分をかわいがるだけのジコチュウに留まってしまう。かわいがり合う思想は神からもたらされるものであって、神の知恵なしには人間世界は極楽世界になれないということを自覚させるべきである。

④私は神の位を得て神の下へ帰る。帰った後、私に代わってお前たちを導く「任せ人」として、そして神が信じられるようにお前たちを導く「陀羅かす人」として、聖霊を派遣する。これら聖霊は、罪・義・裁きの意味を明らかにするはずで、お前たちの頑張りを助けるであろう。

③宗教と哲学、音吉の哲学思想陶冶の物語

私は以上のように、音吉聖書のヨハネ伝を哲学よみをしますが、それでもどうしても宗教臭は残ってしまいます。どこに残るかと言いますと、以下の点においてです。

人間が生まれながらに持つ思想は、自己愛で自分だけをかわいがる思想です。これは仕方のないことです。これなしには生きていけないからです。しかし人間生活は自己愛だけではうまくいきません。隣人愛（かわいがり合う）思想がなければ。そこで私たちは自己愛だけの人をジコチュウと言って非難しますが、この要の隣人愛（かわいがり合う）思想を、神の教え、知恵に由来すると言う点においてです。

確かに隣人愛（かわいがり合う）思想は、人間世界では自然には生まれて来ません。人間は個として生まれ、その個を生き抜かなければ生きていけませんので、自己愛（ジコチュウ）は生存の前提となり、人間になくてはならないものとして存在しますが、隣人愛は他から教えられるか、自ら学ばないと身につかないものですので。イエスはヨハネ伝第3章で、「人間は再生しなければならない」と説いていますが（第15章でこれを補強）、このことを言っているのです。

では隣人愛は人間にとって副次的なものかと言えば、そうではありません。隣人愛の思想がなければ、人間社会は強い者勝ちの支配・隷属の関係になってしまいます。このヨハネ伝が示す通りです。弱い人は強い人の顔色を窺ってしか生きられなくなります。

人間は個として生きると同時に集団として生きる思想を身につけないと生きていけません。少なくとも人間的には。これもまた事実です。支配・隷属の関係でなく、人間らしく生きたいと思うなら、隣人愛のような共存の思想（道徳）をつくり、みんなで実践していく以外に道はありません。

イエスはいみじくも言っています。「弟子たちの思想は神の思想であって、この世の人が生まれ持つ自分だけをかわいがる思想でなく、かわいがり合う真実に生きる思想であるために」（17章）、ジコチュウの人たちから迫害を受けると言っています。私が受けてきたように。しかしイエスはだから仕方がないと言うのではありません。克服するのでなければならないと言うのです。人間の奴隷化は神の望む所ではありません。それゆえ隣人愛思想は神の思想であって、必ず勝利すると励ますのでした。

しかしこの隣人愛思想を、イエスは神の思想と言っているけれど、実際には、人間世界の中で、人間が人間らしく生きたいという願いから考えだしたもののはずです。では、哲学思想として。現代の哲学者たちはこの隣人愛思想どう考えているのでしょうか。

共存の思想を根本から説いた四人の思想家を聖人と言いますが、現代の哲学者たちはこれら四人の思想を哲学の始祖と呼んでいます。四大聖人とは、隣人愛を説いたイエス、慈悲の菩薩道を説いた釈迦、恕の心を説いた孔子、善の心を説いたソクラテスのことです。説き方はまちまちですが、ともに人間にとって大切な共存の思想を説いていますので、宗教の枠をとりはずし、哲学の共通の始祖にしようと言って、哲学の始祖と呼ぶようにしているのです。隣人愛思想もキリスト教の思想としてだけでなく、共存の思想として人類の思想にしていこうというのが、この哲学始祖論の考え方の趣旨です。こう考えれば宗教臭は抜けます。

この考え方はすでにこのヨハネ伝にも出ています。第十章で、イエスは、「私の仕事が信じられるなら、そこからはじめよう」と言っていますので。つまり私（イエス）が言う神の息子云々の主張が気に入らないなら、そこは問題にしないで、私の思想の中味を考えてほしいと言うのです。私の仕事はみんなの幸せを願う不思議になっているはずですので。それを検討してほしいと。

そして、音吉自身もこのイエスの思想を思想の中味で考えていたように思えます。第9章で、音吉は、目の不自由な人が治してくれたイエスを、「如来」と認め信じるに至ると表現していますが、これはイエスの中に仏教精神を認めたのと同じですので。

イエスは神の息子として神の知恵を駆使して、人間が極楽世界を築けるように努力しますが、仏教の如来も人間の救済を求めて努力する仏です。普通には日本では、こういう仏様は如来ではなく菩薩と言いますが、如来は菩薩の完成体で、菩薩の願いを自由自在にかなえる仏様が如来ですので、如来という表現にしたのだと思います。

そしてこのように、キリスト教の中に仏教を見ることによって、音吉は蘇えることができたのだと私には思えます。

十四か月もの漂流の末に、イギリス商船に救出され、そのイギリス商船によって日本に送還されるも、日本の鎖国政策によって、上陸すら許されなかったことの挫折は大きかったはずです。しかしギュツラフ聖書に協力する中で、キリスト教の中に仏教精神（菩薩道）を見た感動は、自分を取り戻す契機になったと思います。聖書は良参寺の坊さんと同じことを言っている。この感動です。

良参寺の坊さんは寺子たちに、「人間にとって一番大切なものは菩薩道だ。みんなの幸せを願って行動するのでないといけないぞ。自分の欲得だけを考えて行動していたら、人間世界はけんかといじめで、不幸になるばかりだから。協力し合って、みんなが幸せになれるい い世界をつくって行こうな」と説いていたと思います。

音吉はこの聖書との出会いにおいて、改めてイエスに学び聖書に学んで、人間としてしっかり生きていこうと思い直したと思います。陶冶の土台を獲得したと言っていいでしょう。第13章は、「神の子とは、神の位を受け取り、人間を極楽に導く神の知恵を実践する人のことである」と言いますが、まさに菩薩道と同じ道になりますので。

これ以降、音吉は、人々が幸せになれる仕事を献身的にしますが、それが証拠です。たとえば、漂流民をあらゆるツテを使って日本に帰す努力、日英和親条約を締結して往来の自由を実現する努力、日本の遣欧使節団に対して世界情勢についてアドバイスする等の仕事です。この精神こそが、彼は後に貿易業で成功しますが、その土台となったと思います。

宗教臭をいやがるのでなく、それを克服して、隣人愛思想を深め鍛え上げていくことが大切と私は思います。

＊哲学の始祖と言われる四大聖人のうち三人が宗祖です。キリスト教のイエス、仏教の釈迦、儒教の孔子ですので。何か変に思いませんか。宗祖を哲学の始祖という言い方に。しかしこれでいいのです。彼らはもともとは哲学者であったのですから。こんな素晴らしい思想は後世にしっかり伝えていこうということで、言行録がまとめられ、教団がつくられ研究されて宗祖になっただけですので。それとともに宗教的儀式もつくられましたが、それは付属物ですので、嫌いな人は括弧で括り、好きな人は謳歌すればよいでしょう。

④補足

私が要約においてあまり書きたくなかったものに、「永遠の命」があります。何か荒唐無稽に思われて、書きたくなかったのでした。

イエスを信じ神の子として、人間を極楽に導く思想に生きた人は、最後の審判で天国に召され永遠の命を与えられるが、妨害したりして与えられない人は地獄ではいつくばるという考え方です。信者の人には胸躍る話かもしれませんが、私のような信者でないものにとっては、脅しの手段のように聞こえ、荒唐無稽の思想に思えたからです。しかしいろいろ考えているうちに、本当はこう言いたかったのではないかと思えて来たことがありました。

それは隣人愛の思想から起こす不思議は、人々に愛され永遠に残ることになります。ヤコブの井戸のように、音吉が尽力した日英和親条約の往来の自由のように。それはまさに永遠の命として残ります。人々に大切にされますので。私はこのように理解してこの「永遠の命」の思想を納得しています。哲学的理解をして。あえて書きこむ次第です。

もう少し補足しておきます。音吉聖書には「神の栄光」という語は出てきません。現代聖書には一杯出てきますが。これも音吉の仏教理解による聖書理解、もしくは哲学的理解を論証するように思えます。

人間の位を与えて降誕させたイエスが起こす不思議のことを、現代聖書は「神の栄光」と言いますが、音吉聖書にはこの語は出てきません。音吉聖書には不思議が具体的に書かれていて、神がかった語が出てこないのが音吉聖書の特徴です。

この目で音吉聖書をよく見ると、音吉聖書がこの精神で貫かれていることが分かります。たとえばイエスの降誕について。人間世界を極楽世界に導くには、神の位ではできず、人の位においてしかできないので、神は人間イエスを降誕させたという言い方がなされています。そしてその人の位のイエスが不思議を起こすとなっています。

また、イエスが神の下に戻った後、イエスの働きを誰がするかについても、イエスに学び、イエスを信じ神を信じ、イエスのように神の思想を実践しようと生きた人々がするのであって、彼らは神の位を受け取ってこうすると言われています。この人々のことを現代聖書は「聖霊」と言いますが、この語も音吉聖書には出てきません。こういうことだから、音吉は聖霊を仏教の「聖（ひじり）」のように理解しているように思えます。菩薩道に生きる人々が聖ですので。

このように神の思想（知恵）において行動する人のことを、音吉聖書は、神の側では人間から人の位を受け取ったことになり（人間世界で神の思想が実践されるので）、人間の側では神から神の位を受け取ったことになる（神の思想で実践するので）と表現しています。こうすることで、音吉聖書は、神の思想（願い）を伝えるだけでなく、神の思想において実践することが目指されていることも分かります。

仏教では仏心（ほとけごころ）に目覚めない状態を衆生と言い、仏心に目覚め仏弟子になることを仏子と言い、仏の心を学ぼうと修行する人のことを菩薩と言い、その道を極めた人を如来と言いますが、このことからも、音吉が仏教理解において聖書を理解していたという私の考えは正しいように思えます。如来たちは極楽の仏国土を築いていく人たちのことです。

＊ちなみに、「慈悲」の語源について述べておきます。この語は釈迦の以下のことばから出てきています。（『スッタニパータ』）

覚者の道はこれなり。………あたかも母がそのひとり子をおのが命をかけて守るがごとくに、すべての生きとし生ける者に対して慈しみ（いつくしみ）と悲れみ（あわれみ）の心を起こせと。

イエスの隣人愛の思想に酷似していますが、しかし釈迦はイエスに先だつこと四百年です。

⑤検討

以上、私は思いつくままに音吉聖書の読解を試みてきました。しかしこれが正しいかどうかは、ひとえに私の現代語訳が正確であることと、その理解が正確であることにかかっています。果たして正しいのでしょうか。私が重視したポイントの所を点検しておきましょう。

A．如来について

如来という語は、第９章36項に出て来ます。目の不自由を治してもらった人とイエスの会話の場面です。第17章19項にも出てきます。

治してあげた私を信じるか、お前を追放した人たちを信じるか。こう問うイエスに対して、その人は「だれが如来（ニヨヲラ）ですか。私はその治してくれた人を信じます」と応える場面に出てきます。私は、だれが如来だって、治してくれた人にきまってますと言ってるように思えて、この「如来」という語を重視するのですが、現代聖書は、「主よ、その方はどんな人ですか。その方を信じたいのですが」として、如来の語を抜いて表現していきます。確かに、「ニヨヲラ」は「ニョライ」ではありません。音吉聖書は「カシラヒト　ダレガ、ニヨヲラ　ワシヒトニゾンジル（私はその人を信じます）」となっています。

現代版はこの部分を「頭人、誰におて、わしは彼に信じるか」としています。ニヨヲラのラをテと読み変えて、「よって」という意味を出そうとしていますが、意味は余計に不明になってきます。私はこの音吉聖書を、音吉による仏教理解によるキリスト教理解と考えているので、ニヨヲラをニョライと解しますが、これが正しい理解かどうか、新研究を待ちたいと思います。

B．神の位・人間の位について

すでに、前の「④補足」で述べておきましたが、「神の位・人間の位」理解は、音吉聖書の特徴をなすものですので、改めて述べておくことにします。

第13章31項と32項ではこう述べられています。人間イエスが神の位を受け取った場面の説明です。

「人間の私は極楽の神より神の位を受け取った。このことは、極楽の神が人間より位を受けたことにもなる。極楽の神が人間の位についたということになるので」。つまり、人間が神の位を受け取るということは、神は人間でないので人間世界には来れないが、人間世界の改革をその人間が神の名において実践することになるので、神の側では人の位を受け取ったということになると言うのです。そして、今や、イエスは神の息子ということでなく神として、自分が父の下に帰る前に、弟子たちにどうすべきかという指示を、第14章から第17章、及び第20章・第21章において語るという具合になっています。神の位を受け取るは、菩薩から如来への道のようです。自らが改革の先頭に立つという決意。これらの語も、音吉聖書のキリスト教理解を示す語と言っていいと私は思います。

私は第一部で、地元の音吉の子孫の山本豊治郎氏の『頌徳記念碑由来記』を紹介した時、音吉が「人々から神の如く敬われていた」ことを紹介しましたが、この姿は、この音吉聖書とともに陶冶した音吉の姿を示しているように思えます。

現代聖書はこの部分を「人の子は栄光を受けた。神も人の子によって栄光をお受けになった」と叙述していますが、どうして栄光なのでしょうか。よく分かりません。

音吉聖書の原文は以下の通りです。

ヱズスクユフタ。イマニンゲンノ　ムスコ　クラ井ヲ　ウケトル、ゴクラクワ　ヒトデクライヲ　ウケトル。ゴクラクヒトデクライヲウケトルナラバ、ゴクラクジシン　ヒトヲ　クライヲツケル、

C．再生と自己愛（ジコチュウ）について

私は自己愛のことをジコチュウと言うので、軽率な感情を持たれるかもしれません。しかし音吉聖書に基づいた言い回しであることを、ここで述べておきます。

第3章では、「人間は再生しなければ極楽の神の国を見ることはできない」（第3項）と言われ、「イエスの談義」（第32項）を聞いて再生せよと言われる。しかし、こう言われても具体的にどうするのかは分かりません。

第15章の第18項、第19項で、イエスが再生してイエスの弟子になった人々に語る語が以下のように示されます。

世の中の人間がお前たちを嫌っても、お前たちは、前にはお前たちも私を嫌っていたことを思い出せ。お前たちが世の中に留まっていたならば、お前たちも自分自身をかわいがるだけであったであろう。しかしお前たちはもうこの世の者ではない。私がお前たちを世界から選び出したがゆえに。

つまり、人間世界で生まれる思想は「自分だけをかわいがる思想」だと言うのです。私がこれをジコチュウとか自己愛と言うのですから、音吉聖書に基づいていると言う先の言は、了解していただけると思います。

音吉聖書では次のように書かれています。

セカイノ　ニンゲン　ヲマヱタチヲ　キラウナラバ、ワシヲ　ヲマヱタチ　マヱニキラタト　シヒテヲル、ヲマヱタチ　セカイヨリ　クルナラバ、セカイワ　ジシンノコトカワイガル、タダシヲマヱタチ　セカイヨリコヌ。ワシガヲマヱタチヲ　セカイヨリ　ヱリダシタ。

では、音吉聖書は、このジコチュウをどう克服しようと言うのでしょうか。イエスの談義を聞き、イエスを信じ、神を信じて、神の知恵・思想を身につけて、自分だけをかわいがるのでなく、みんなでかわいがり合う隣人愛の関係を築く中で克服しようと述べています。

以上の3項目の他に、第11章のイエスにはユダヤ人のために死んでもらう計画とか、第18章、第19章のイエスを権力に殺させる運動論とか、第16章の隣人愛の不滅論や、第18章、第19章の「イエスは罪人とは言えない」というピラトの証言も取り上げたく思いましたが、私の現代語訳と要約を読めばすぐ分かることですので、やめにしました。

しかし、意味がないからやめにしたのではないということに留意してください。隣人愛こそ神の教え（知恵）と説くイエスに対する迫害がどんなものであったか、にも関わらず隣人愛の不滅を説いたイエスへの音吉の感動はどのようであったか。これらのことが、音吉聖書には書きこまれていますので、私がごちゃごちゃ説明するのをやめて、みなさんに直接味わっていただきたいとの思いから、こうしただけです。

おわりに

うまくまとめることができたと自負します。

私は、音吉（たち）は尾州廻船の宝順丸に乗船する中、台風に遭い、北太平洋を十四か月も漂流し、イギリス商船に救助され、さあ帰国という時に、日本は鎖国だからお前たちの帰国は認められないと言って追い返される、この理不尽の中で受けた音吉（たち）の挫折は大きかったと思います。十四か月もの間、生死の境の中で漂流し、生きて帰れたという感動はどれほど大きかったことか。なのに、日本は鎖国の国、だからお前たちを受け入れることはできないという理不尽な仕打ち。この中での挫折は測り知れないものがあったはずです。にもかかわらず、音吉は他の漂流民の帰国を助けたり、日本の遣欧使節団の人たちに対してアドバイスをしたり、更には、イギリス市民の称号を受けるほどの立派な生き方をしていくのでした。

ここには何かがある。挫折から立ち直らせた何かが。この暗部が解明できたら、音吉の姿を一貫したものとして理解でき、音吉をもっと高いレベルで評価できるに違いないと思い、そしてその秘密は音吉聖書（『音吉表現のギュツラフ訳聖書』）にあるだろうと狙いを定め、研究してきたのですが、私自身うまく示すことができたと自負したくなるほどにうまくいったと思います。

私は音吉は二回再生したと思っています。一回目は良参寺の坊さんから受けた菩薩道において、二回目はギュツラフ聖書に協力する中で受けた隣人愛の道において。一回目は坊さんから、自分のことだけを考えていてはいい社会にはならんぞ、自利利他の心を持たないといかんぞと言われ、そうだその通りと反省して再生し、二回目は、挫折の中で自分を失いかけていた時、聖書の隣人愛の思想に出会い、菩薩道を思い出し反省し蘇生して再生したのだと思います。こんな自分を失った生き方をしていては駄目だ。やり直そう。こうだったと思います。それゆえこの二回目の再生は再々生というべきかもしれません。

私はこの再々生があったからこそ、音吉聖書の仏教理解による聖書理解が開けたと思います。そして、音吉自身も、この再々生のお陰でイエスの思想をしっかり身につけ陶冶することができたのだと思います。

本来なら、ここで終わるべきですが、今少しつづけさせてください。

直近の「仏教理解による聖書理解」とか「音吉自身の陶冶」に関わって、今少し述べたいのです。「再々生」について。音吉の再々生は偶然でしたが、これを偶然と言わずに考えてほしいということです。私はこの偶然は頻繁に起こる普遍的現象と理解していますので。

私は前の「②ヨハネ伝の哲学よみ」の所で、聖人の思想を問題にし、これら聖人たちの思想は、今日では宗教の枠を離れて哲学の始祖と理解されていることを紹介しつつ、音吉の仏教理解による聖書理解を、その先駆をなすあり方として論じておきましたが、「聖人の思想」という理解には、宗教による差などないことが示されています。

それゆえ、音吉及び音吉聖書の仏教理解による聖書理解は偶然の出来事だったけれど、普遍的現象の一つとしてあったと理解していいと思います。

私がなぜ、この音吉聖書の偶然は偶然だけれど普遍的現象の一つであることにこだわるかと言いますと、音吉のやった仏教理解による聖書理解は、洋の東西における哲学の差の解消（共通性）を目指した努力と結果として言えるからです。つまり全人類が共存できる哲学の解明に向けての巨大な一歩と見ることができるからです。

私はこのことが言いたいのです。音吉の本当の評価はここにこそあるのかもと思っています。新研究を待つ次第です。

［付録］

音吉の聖地はなんと言っても、「岩吉、久吉、乙吉頌徳記念碑」なので、そこに記されている文言、及び良参寺境内の掲示文を付録として紹介しておきます。

岩吉、久吉、乙吉頌徳記念碑

徳川幕末、廻船業で栄えた当小野浦の住人岩吉、久吉、乙吉の三氏は、千石船宝順丸に乗船し、天保初年頃（一八三〇－二）尾張領からの回送米を積んで江戸に向かう途中暴風に遭遇。一年半有余漂流の後カナダに着き、イギリス、アフリカを廻ってマカオに到着。モリソン号で帰国せんとしたが、鎖国のために再びマカオに戻った。同地に滞在中、ドイツ人ギュツラフ師について聖書の和訳を助け、一八三七年五月シンガポールで出版された。これが最初の日本語訳聖書である。聖書の読まれるところ彼等の名は広く伝えられ、世界聖書翻訳史上に残した業績と日本精神文化に及ぼした貢献とは永くたたえられるであろう。

ここに有志相はかり頌徳記念碑建設委員会を組織し、三氏のために碑を立て記念するものである。

一九六一年四月五日

頌徳記念碑建設委員会

Auf der Erinnerungsplatte stehen in deutscher Sprache die folgenden Worte ;

Drei Fischer, Iwakichi, Hisakichi und Otokichi wurden in den ersten Jahren der Tenpo-Regierung(1830-1832) an Bord der 'Hojun Maru' auf einer Reise von Nagoya nach Edo von einem Strum weggetrieben landeten in Kanada. Über Englad und Afrika erreichten sie Macao und versuchten von dort, mit der "Morrison" nach Hause zu gelangen. Die Absperrungspolitik der damaligen Regierung verschloss ihnen aber die Heimat und sie hatten nach Macao zurückzukehren.

Während ihres Aufenthaltes in Macao arbeitete sie an einer Bidelübersetzung ins Japanische mit, die der deutsche Missionar Gützlaff unternahm. Diese wurde im Mai 1837 in Singapur veröffentlicht und war die erste Ausgabe einer japanischen Bibel. Mit dieser ersten japanischen Bibelübersetzung wurden die Namen der drei fischer weit über die Welt bekannt. Ihre Verdienste in der Geschichte der Bibelübersetzung und ihre Beiträge zur japanischen Geistesgeschichte werden für immer gerühmt sein.

Wir, die Gleichgestinnten bildeten ein Denkmals-komittee und errichteten hier das Denkmal zur Erinnerung an drei Japaner.

Am 5, April 1961

Der Denkmalsausschuss

＊傍線の <u>Bidelübersetzung</u> は Bibelübersetzung の誤りと思い、Bibelübersetzung として読むことにしました。

頌徳のプレートの上に我々はドイツ語で以下の語を記す

三人の漁夫（船乗り）、岩吉、久吉、乙吉（音吉）は、天保年間（一八三〇－一八三二）の初年頃に、宝順丸に乗船し、名古屋から江戸への航路上で暴風によって岸から押し流された。カナダに漂着し、彼等はイギリス、アフリカを越えてマカオに達した。そしてそこから、モリソン号でもって帰国を試みた。しかしながら、当時の政府の鎖国政策は彼等に対し門戸を閉ざした。望郷の念にかられながら、彼等はマカオに戻らねばならなかった。

マカオ滞在の間に、彼等はドイツ人宣教師ギュツラフが企てる日本語への聖書翻訳を手助けした。この聖書は一八三七年五月にシンガポールで出版された。日本語聖書の最初の刊行となった。この最初の日本語聖書翻訳と同時に、三人の漁夫（船乗り）の名前は世界を越えて広く知られることになった。彼等の聖書翻訳史における功績、及び彼等の日本精神史への貢献は、永遠に讃えられるであろう。

我々、つまり志を同じうする者は記念碑委員会を形成し、ここに三人の日本人の頌徳のための記念碑を建立することにした。

一九六一年四月五日　　記念碑委員会（久田健吉訳）

頌徳碑の東壁にはめられている「三吉碑」の文言

この人びとは鎖国時代に漂流し、日本の近代に海の外からかかわった。異境の生活は彼らの人間性をより輝かせ、彼らは庶民の魂を持つ最初の国際人となった。三人をつねに支えたものは故郷小野浦の海であった。

文　春名　徹

良参寺境内の掲示板「山本音吉（乙吉）遺灰の帰郷」

一八六七（慶応三）年一月十八日、シンガポールのシグラップ地区アーサーズ・シートにいて五十歳の生涯を閉じた山本音吉（または乙吉、英語名ジョン・M・オトソン）は、翌十九日にブキティマ通りにあったキリスト教徒墓地に埋葬されたが、一九七〇年同墓地が都市計画によって公園へと転用された後、遺骨の移転場所は長い間不明のままであった。

二〇〇四（平成十六）年二月、シンガポール日本人会の杉野一夫事務局長から話を聞き、並々ならぬ関心を持つに至ったシンガポール土地管理局のリョン・フォクメン（梁福銘）氏は、精力的な調査の末、音吉の遺骨がチョア・チュー・カンにあるシンガポール国立墓地へ移されていることを発見した。

早速、杉野事務局長から音吉遺骨埋葬場所発見の一報が、斎藤宏一美浜町長（音吉顕彰会会長）へもたらされ、四月二十六日に斎藤町長が訪星して埋葬場所を確認。同時に、当時音吉はオーチャード通りに邸宅を構え大規模に貿易を営んでいた記録も、上記の死亡年月日及び死亡場所の記録とともにリョン氏から提供された。

その後十一月二十三日、シンガポール日本人会及び同国政府観光局の協力によって、国立墓地を所管するシンガポール環境庁から音吉遺骨の発掘許可を得ることができた。そして十一月二十七日には斎藤町長が再度訪星し、同国立墓地タン・ビルファ所長立ち会いのもとで発掘・火葬した後、遺灰をイオ・チュー・カンの日本人墓地公園納骨堂に仮安置した。

二〇〇五（平成十七）年二月十七日、伊勢湾に開港した中部国際空港からシンガポールへ向かう一番機で、美浜町長を始めとする百二十人の訪問団が出発、翌十八日には日本墓地公園において音吉遺灰の分霊式が、日星両国関係者多数の参列のもと挙行された。音吉の遺灰は三つに分けられ、シンガポールでは日本人墓地公園納骨堂、日本では音吉の子孫である山本家先祖代々の墓、そして遭難当時、行方不明となった宝順丸十四人の乗組員のために建てられた良参寺の墓に納められることになった。そして二月二十日、遠州灘沖で遭難後百七十三年ぶりに帰国を果たした音吉の遺灰は、訪問団一行とともに小野浦へ到着し、地元の盛大な歓迎を受けた後、ここ良参寺の墓に無事納められた。

二〇〇六（平成十八）年六月吉日　　音吉顕彰会

＊第一部で、日本・シンガポール草の根交流運動の中での「音吉探し」のことを紹介しておきましたが、良参寺境内の掲示板はその成果の一端を示すものです。

＊最近号の「ココナッツクラブ」（知多半島ケーブルネットワーク発行、二〇二一、八月号）には、本年の五月に「廻船と音吉記念館」を宝順丸の所有者であった樋口家の現当主の樋口浩久氏が開館したという記事が掲載されています。音吉の業績は汲めども尽きないものがあります。この記念館も音吉の業績発掘に役立つ日が来るはずです。樋口浩久氏には感謝です。

＊この本で私が使用した資料はすべて美浜町図書館にあります。感謝です。

ご意見をお聞かせください。

〒470-2401　愛知県知多郡美浜町布土字和田 37-3

久田健吉

TEL & FAX　０５６９−８２−０８２６

久田健吉（ひさだけんきち）

1942 年生まれ。66 年愛知教育大学卒業。72 年名古屋大学大学院修士課程修了。74 年大同大学大同高等学校就職。2002 年同校退職。05 年名古屋市立大学大学院博士課程修了。同年博士号取得。06 ～ 08 年名古屋市立大学と中部大学技術医療専門学校で非常勤講師。最近まで知多市・東海市・豊明市にある市民大学で講師。

［著書紹介］

『私立工業高校復権宣言』（高校出版、１９９４）

高校教師だったころの教育実践録です。「哲学とは理性の心、それは隣人愛の実践」という哲学テーゼを確立する以前の、いわば模索の時代の著作です。

『我が哲学人生　隣人愛の道』（自費出版、２００２）

高校教師の中で見つけた隣人愛の道、これこそをこれからの我が哲学人生の道標にしよう、こんな思いから、高校教師退職を記念して出版しました。

『ヘーゲル国家論の原理』（晃洋書房、２００９）

学位論文。ヘーゲルの国家論の原理は隣人愛です。このことを論証しました。ヘーゲルの原典に即しているので難解ですが、大事なことは解明できたと自負します。

知多の哲学者シリーズ（ほっとブックス新栄）

①『知多の哲学者たち』（２０１２）

谷川徹三、森信三、中埜肇、梅原猛の思想を扱っています。

②『隣人愛と倫理学』（２０１３）

聖人の思想を扱っています。聖人とはイエス、仏陀、孔子、ソクラテスのことです。倫理学の土台は聖人の思想にあります。

③『ドイツ観念論物語』（２０１７）

カントの道徳律がドイツ観念論の根幹をなします。この理解の下に、カント＝ヘーゲルとして論じました。両者をつなぐ要の位置にあるのがカントの『判断力批判』です。

④『村民とともに生きた盛田命祺と溝口幹（鈴渓義塾物語①）』（２０１８）

鈴渓義塾を舞台にした盛田命祺と溝口幹の物語です。村民とともに生きた盛田命祺の思想を、溝口幹は鈴渓義塾で開花させました。

⑤『廃仏毀釈の嵐の中　フェノロサらとともに日本仏教を守った櫻井敬徳』（２０１９）

フェノロサは櫻井敬徳に学んで仏教徒になりました。何を学んだか。「円頓菩薩戒」です。櫻井敬徳はこの「円頓菩薩戒」の体現者でした。

⑥『櫻井敬徳の思想的土壌としての西阿野村慶応二年の〈御触留〉読解』（２０１９）

櫻井敬徳の思想は、共存に努力する西阿野村で育まれたと言って間違いないでしょう。

・『櫻井敬徳勉強会の記録』（２０２０）（共著）

これは櫻井敬徳の出身地常滑で行った勉強会の記録です。記念文集と資料編からなっています。資料編には貴重な資料が含まれています。

⑦『大欲の菩薩道に生き、哲学者として生きた愛知用水の父　久野庄太郎』（２０２０）

久野庄太郎は知多半島随一の哲学者と言って過言でないでしょう。しかし愛知用水をつくっただけの久野がなぜ。読めばすぐ分かります。素晴らしい哲学者でした。

⑧『企業哲学と共生の経営論を説いた盛田昭夫と平岩外四（鈴渓義塾物語②）』（２０２０）

新自由主義が台頭する中、日本は集中豪雨的輸出と世界から批判されていました。二人は鈴渓義塾の思想で以てこれらとたたかい、克服の道を示しました。

⑨『森田武氏の自分史　山崎古墳の守人としての我が人生　―寿山庵とともに―』（２０２１）

森田武氏の思想は、昏迷する日本の思想状況の中、仏教の思想を大切にしながら、その解決をめざして努力しています。大切な思想と思います。

⑩『明治初頭の子どものための修身読本紹介　―亀谷省軒編〈修身児訓〉読解』（２０２１）

古老が説く道徳による教えは、この『修身児訓』にほとんどすべて述べられています。

『教育勅語』でないことに注意しましょう。

⑪『尾州廻船水主(かこ)　音吉の哲学思想陶冶の物語　―音吉表現のギュツラフ訳聖書を読む―』（２０２１）

音吉の哲学思想陶冶の物語が書かれています。音吉が協力した『音吉表現のギュツラフ聖書』は仏教理解による仏教的聖書になっています。ここが大事。

＊お求めは書店に。ない場合は著者に。善処します。

〒四七〇―二四〇一　美浜町布土字和田三七の三　久田健吉
ＴＥＬ＆ＦＡＸ　（〇五六九―八二―〇八二六）

尾州廻船水主（かこ）
音吉の哲学思想陶冶の物語
―音吉表現のギュツラフ訳聖書を読む―　　―知多の哲学者シリーズ⑪―

2021年12月15日

著者：久田　健吉
発行：ほっとブックス新栄
発行者：藤田　成子
461-0004　名古屋市東区葵1-22-26
Tel：052-936-7551　　Fax：052-936-7553
ISBN978-4-903036-41-0 C0010 ¥1000E
印刷：エープリント